奈良伝説探訪

丸山顕徳 編

三弥井書店

目次

Ⅳ　奈良の郊外を歩く

Ⅴ　奈良から歩く伝説と信仰の旅

はじめに

悪霊退治の説話は、中国の有名な『捜神記』に見えるが、これは四世紀の記録である。この『捜神記』には天女の話も記録されている。これは中国の記録であるが、日本の我々の身の回りにも悪霊退治の話はあったはずであり、歴史の彼方の記録のない時代に溯ることは可能である。天人の降下の記録は世界拡布型であり、歴史のはるか彼方の記憶からはじまっていたはずである。悪霊退治や天人の降下の話は、奈良時代の初頭の『古事記』や『日本書紀』、それに『風土記』に記録されているが、これらの話は生活文化にはつきものであるから、文献の記録に限ることは無いはずである。とするなら、奈良の伝承文化の記憶は遥か歴史の彼方に溯っているものと思われる。桜井市から天理市にかけてみられる三世紀頃の巨大古墳群よりもはるか彼方から伝承文化は始まっていると想像できる。この伝承文化の記憶は、生活の中に繰り返し、繰り返し、後世に伝えられるものである。歴史的な出来事は、一回的なこととして歴史の記憶に留められるが、年中行事や人生儀礼などの伝承文化は、記憶を確かにするために繰り返し後世に伝えられていくものである。この伝承文化は、日常の生活の中で確かな記憶にするために伝説化して後世に伝え行く。それだけに日本人の心の中に深く刻まれており、過去から歴史的現代へ蘇らせてきたものである。

奈良は、伝承文化の中でも、特に歴史伝説や信仰伝説が豊かなところである。伝説の主人公は歴史上の英雄や高僧などが多く、その人物の偉業を土地に結び付けて顕彰し、真実として語り継がれてきたものである。本書は、これら奈良の伝承文化の背景を探り、年中行事や信仰、芸能、産業などの生活文化と結びつきをもつ伝説の意味を明かにしようと試みたもので、それぞれの伝説の一つ一つを深く掘り下げ、分かり易く解説したものである。ここに取り上げた奈良の伝説は時代的には幅広く、古くは神功皇后の時代の忍熊王や籠坂王の記憶に遡るが、一方、現代奈良の都市伝説も採用している。奈良教育大学の七不思議の話で、近年の奇怪な話である。

伝説の主な主人公である英雄や高僧は、神や仏の世界に通じる存在であり、日本では多種多様な性格を持って描かれている。西洋や中東などの一神教の世界では見られない様々な姿が描かれている。たとえば極悪人が、その死後、人々の守護神となることがある。これは悪人が、悪の世界を知るが故に、来世では人々の守護神に転じたものと思われる。この発想は、なかなか外国人には理解されない日本特有の信仰である。また一木一草一石に至るまで霊魂が宿ると言うのが、日本人の古代信仰である。さらに、犯罪人の死後の霊魂は、浄化されて祖霊になるというのも日本人の信仰の姿である。これは、日本人は死後、皆、平等であるという信仰から来るものである。ここに理解されがたい日本的な人間観が見える。さらに日本の神社仏閣は、来世の浄土の如く清浄な場所である。日本人は神社や仏閣に参拝して、心を落ち着かせることが出来るが、日本人の来世は、このような清浄な場所と想定し、安心して死んでいけると信じていたようである。本書では、このような日本人の伝承文化の姿を、少しは紹介できるのではないかと考えている。

これまで奈良文化の紹介といえば、飛鳥・奈良時代の歴史と文学に偏る傾向があった。これは研究者の視界が、上代の文字文化と考古遺物を中心とする研究に偏っており、それが紹介されていたからにすぎないからである。実は、奈良の文化は、人々が想像する以上に各時代にわたり、広く深いものである。日本の思想を支えた南都七大寺の壮大な文化の蓄積の紹介は、まだまだ未開拓な分野である。万葉文学や考古学の手の届かないところに南都文化の深さがある。東大寺の思想の根源にある華厳や、薬師寺・西大寺の法相など、近年の文学や歴史をおさめたものには寄り付き難いものであ。浄土中心の仏教とは異なる世界が奈良文化の研究によって明らかになると、これまでとは異なる人生を歩んだ南都の僧の姿が明らかになるはずである。このような日本の文化の再発見を求めて、その一端に迫る試みをしたのが、本書である。私は、過去約二十数年、友人と奈良県の各地の民話調査を進めたが、残念ながら調査報告書は、奈良県内の十ケ所に満たない。この民話の中にもこれまで知られなかった奈良がある。これらの経験の中から、奈良文化の深さを探求したいと試みたものである。

（丸山顕徳）

I　ならまち界隈を歩く

ならまち界隈

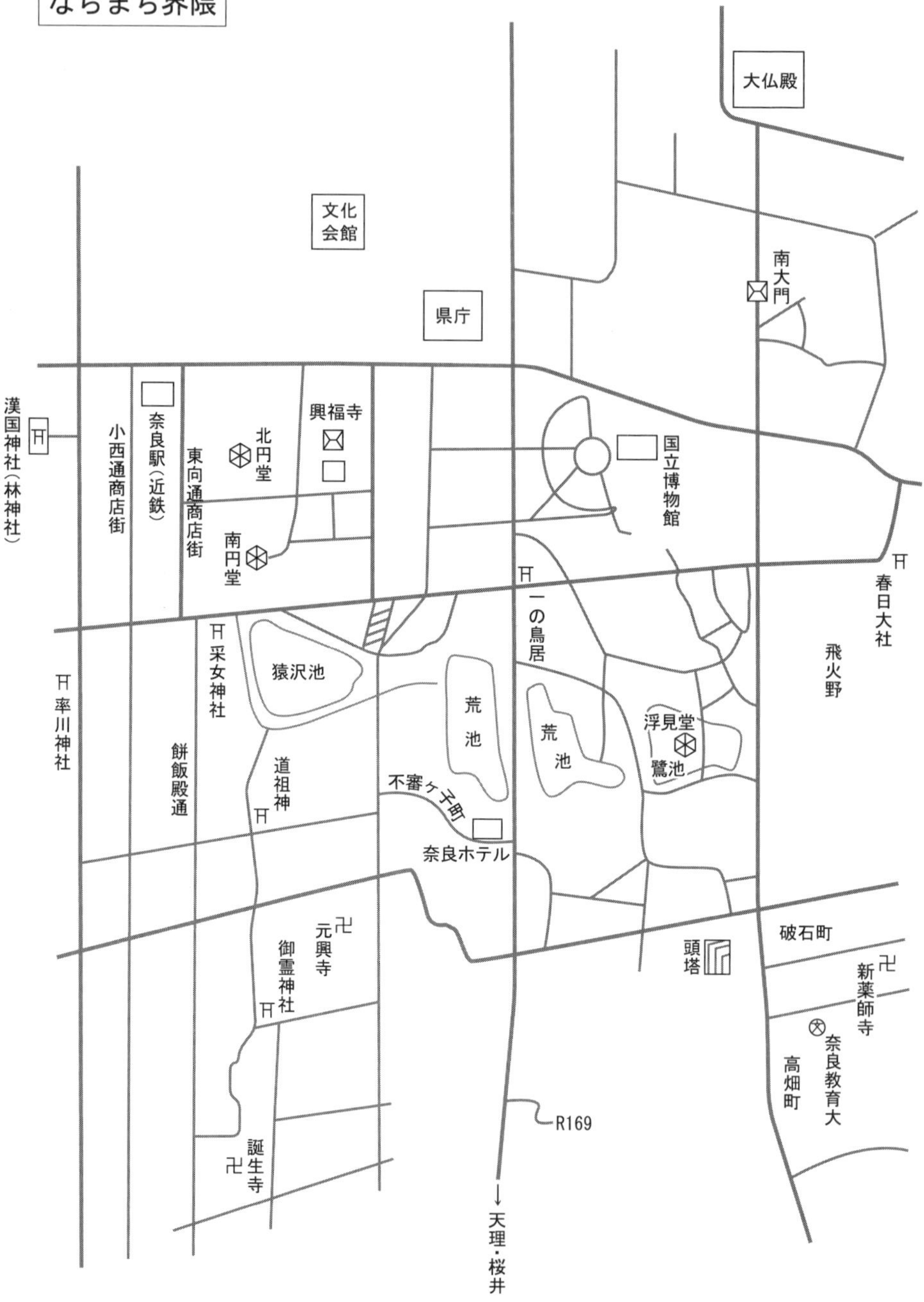

大仏殿
文化会館
県庁
南大門
興福寺
北円堂
南円堂
国立博物館
奈良駅（近鉄）
小西通商店街
東向通商店街
漢国神社（林神社）
春日大社
一の鳥居
猿沢池
采女神社
率川神社
飛火野
荒池
荒池
浮見堂
鷺池
餅飯殿通
道祖神
不審ヶ辻町
奈良ホテル
元興寺
御霊神社
頭塔
破石町
新薬師寺
奈良教育大
高畑町
R169
誕生寺
天理・桜井

道場法師の鬼退治

奈良市中院町

奈良の御所馬場と鶴福院町との間に通じる東西の狭い横町を、不審ケ辻子、俗にフリガンズシと呼んでいる。昔、御所馬場に、松浦という長者が住んでいた。ある夜、ひとりの賊が忍び込んだ。長者はこれを捕え、現在奈良ホテルのある鬼隠山から谷底へ投げ込んで殺した。その後、賊の霊が鬼と化し、毎夜、元興寺の鐘楼に現れて、人を悩ました。当時元興寺には、後の道場法師が小僧でいたが、進んで鬼退治をしようと申し出て、鐘楼に待ち受けて、鬼と激しく格闘し、まだ勝負のつかないうちに、夜が明けてきた。夜が明けてはと、鬼はあわてて鬼隠山《きおんざん》の方へ逃げ出した。法師も続いてその跡を追ったが、今の不審ケ辻子の辺までいった時、たちまち鬼の姿が見失われた。それからこの地名が出たという。また、この元興寺の鐘楼にあった鐘は、現に奈良市高畑町の新薬師寺鐘楼にかかっている。当時格闘の時の鬼の爪あとというものが、その片側にたくさん残っている。『大和の伝説（増補版）』

元興寺極楽坊

【伝説探訪】

この元興寺の道場法師の話は、古代、中世、近世から現代に至るまで、道場法師の鬼退治の話として広く知られたもので、特に、中世に広く尾張国辺りまで頒布された「がごぜ」というお札は、鬼退治をする時の道場法師の形相を表したもので、その由来話として知られていた。

この話は、元々現在の明日香村にある飛鳥元興寺の話であったが、元興寺が平城京遷都によって現在の奈良市に移った事により伝説も奈良に移ったものである。最も古い話は、平安時代の初期、南都薬師寺の僧景戒によってまとめられた説話集『日本霊異記』に掲載されたものである。

敏達天皇の御世に尾張国阿育知郡の里の農夫が、落ちてきた雷を助けて昇天させたお礼に子どもが授けられた。生まれた子どもの頭には、蛇が巻き付いて、頭と尻尾が後頭部に垂れ下がっていた。大きくなってもこの子どもは小子であった。十歳余りの頃、上京して力のずば抜けて強い王と力比べで大きな石を投げ合い勝利した。小子は元興寺の童子になり、夜な夜な鐘つき堂に出現する鬼退治をした。深夜に出現した鬼の髪を一時《いっとき》、二時間余りも引っ張り回した。鬼は髪を引き剥がされ逃げるが、翌朝血痕を辿って行くと寺の悪い奴を埋めた街路の辻に辿り着いた。鬼は、悪い奴の霊鬼であった。この鬼の髪は、元興寺の寺宝となっている。また、寺の水争いで、童子は怪力を発揮して邪魔をするものを排除するものの田圃を巨石で塞ぎ元興寺に水が入るようにした。これで元興寺は収穫をおさめた。これらの功績により小子は得度し道場法師と名づけられた。

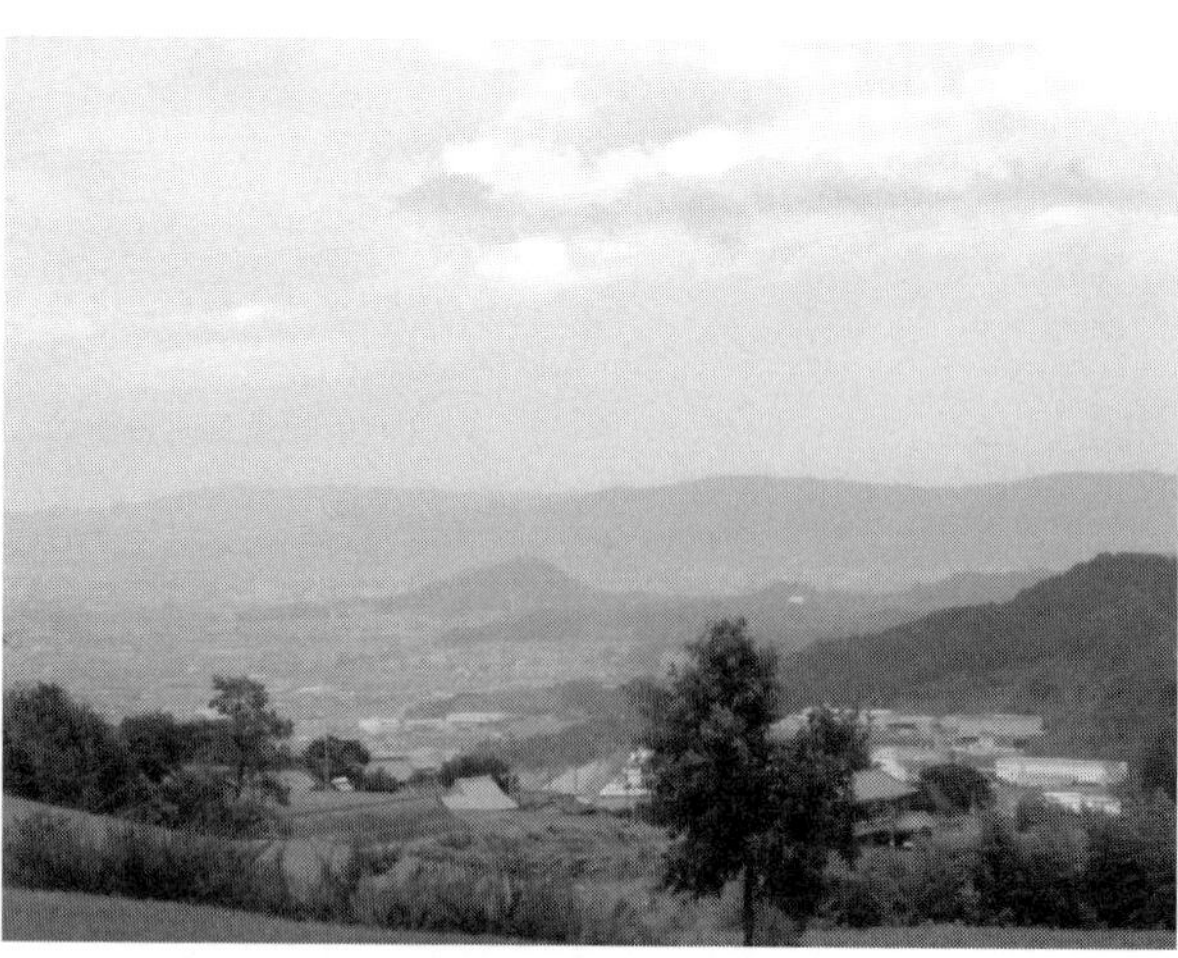

飛鳥遠望（高鴨より）

鬼の頭髪が元興寺の寺宝であったことは有名で、藤原道長が治安三年（一〇二三）大和巡礼、金剛峰寺参詣の途次、明日香の元興寺に立ち寄り宝蔵を開けて鬼の頭髪を捜したが見つからなかった。このことが大江親通の『七大寺巡礼私記』（保延六年（一一四〇））に見られる。中世から近世にかけては「元興寺（がごぜ）」という言葉が鬼の代名詞として用いられている。その例が、能の「清水」、「七つ下てしみずへ参れば、元興寺（がごぜ）とやらが出ると申まする」の一文に見える。一六七五年の『南都名所集』には、小児を脅かすために、目を張り口を開いた事が記され、現在奈良市内でも、小児の夜泣き封じの風習として「ガンゴウ」という恐ろしいものが出ると伝えている。言うまでも無くガゴゼのことである。

江戸時代にはいると、延宝六年（一六七八）の『奈良名所八重櫻』には、不審が辻という地名の由来として次のような話がある。道場法師が東の山の鬼園山に住む鬼を捕えようとしたが、この地で見失ったので不審が辻という地名がついたという話である。現在の奈良市不審ケ辻子町である。ここは、元興寺極楽坊の東北の方向、奈良ホテルのすぐ西南に隣接する町である。同様な話が『平城坊目考』（寛政年間）にも紹介されているが、ここでは、元は高市《たかいち》郡本元興寺の話であると述べており、伝説が移動したことに注目している。

ガゴゼの面（元興寺文化財研究所）

江戸時代の記録としてはその他に『元興寺坊目来由』孝明六年（一八五三）などもあり、道場法師の話は、鬼退治の話が有名となっている。天理図書館所蔵の「八雷神面略縁起」には、道場法師が悪鬼を退治したときに、その形相をうつして八雷の神面を作ったものであることが記されているが、これが大田南畝の「南畝莠言」に採録

不審ケ辻子町

されている。ここには「道場法師一面龍雷五魂　八雷変相悪魔降伏乃神像」とあり、厄払いの信仰と関わっていたものであることがわかる。『東大寺年中行事記』には、享保十八年（一七三三）六月に、「元興寺八雷神面」を、元興寺の勧進のために尾張で開帳する計画のあったことが記されている。この縁起の道場法師という言葉には、「だだ」というルビが副えられている。これは注目すべき言葉で、「だだ」とは追儺の行事の際に鬼を追い払う音である。日本の仏教寺院では、追儺行事では、お堂の後戸で、ダダ押しと言って喧しい音を立てることがある。これを仏の肩たたきといって幸せ招来の意味に用いられるが、極めて日本的な解釈である。道場法師の鬼退治の話の背景には、この追儺の信仰があったようである。

　よく知られる日本の追儺行事は、豆撒きによって鬼を追っ払う行事であり、のどかな風景である。ところが、古い中国や韓国の鬼追い行事は、悪鬼を撃退するために、荒っぽい方法を用いている。後漢の『東京の賦』や、李朝の『世宗実録』には、八つ裂きにして嬲り殺すという脅し文句が見える。「激」という言葉の本来の意味は、悪霊となった鬼である死者霊を鞭で叩き嬲りいためるの意味だという白川静説があるが、中国や韓国では悪霊は、二度と復活しないように叩きのめすのが追儺であった。しかし、日本では、悪霊は、豆で追っ払う程度のものである。ここが中国や韓国との大きな違いである。日本では悪は汚れであり、お祓いすればよい。お祓いすれば日本人の健康は回復されるのである。中国から流入した鬼の文化が、日本で変化していく姿が、道場法師の伝説の推移に見られる。『日本霊異記』では、道場法師は、鬼の髪を引っ張りまわし痛めつけた。しかし、中世から近世にかけては、鬼の恐ろしい形相の面を販売してお祓いに使ったり、子どもの夜泣き封じに転用しているのである。
　この道場法師の出生譚は、その淵源は古く、中国からペルシャに求められる。鬼を退治する人物は、鬼より強力でなければならなかった。それは雷の申し子であったというのである。首に蛇を巻いて誕生するのは、イラン神話の悪龍ザッハークの両耳から肩に蛇が巻きつく姿と同じである。また、中国『山海経』にも、シャーマンが片耳ないしは両耳に蛇を纏い付かせている姿もある。さらに雷の申し子が英雄になる例は、『史記』の高祖本紀にある。漢の高祖の誕生で、母の劉漢が雷の夢を見て、妊娠したという話にもみられる。これは英雄の異常誕生伝説であり、落雷による受胎と偉大な子どもの誕生の話がこの道場法師の原型になっている。このように道場法師の話は、説話のシルクロードを体現したものである。

（丸山顕徳）

伝説地情報

年中行事
柴燈護摩会　二月三日　扇塚供養　五月か六月　かえる石供養（大阪城蛙石）　七月七日
肘塚不動尊供養　七月二十八日　地蔵会　八月二十三日・二十四日　春秋彼岸会

お土産
絵馬　蛙石土鈴

拝観料
大人　四〇〇円　中高生　三〇〇円　小学生一〇〇円　団体割引有　特別展は別料金

元興寺へのアクセス
所在地　奈良県奈良市中院町11
交通手段　近鉄奈良駅より南東へ徒歩10分、又はＪＲ奈良駅より東へ徒歩20分

聖宝と餅飯殿

奈良市餅飯殿町

吉野山の西南八キロメートル、海抜九〇〇メートルあまり（実際には標高八六〇メートルである）の百螺岳《ひゃくかいだけ》（現在は百貝岳と呼ばれている）の半腹に、大峰山の中興理源大師開基の鳳閣寺という真言宗の古刹がある。大法螺貝と蛇骨が、随一の重宝となっている。役の行者が、大峰山上嶽、開山の後、約二百年たったころ、山中の阿古滝に大蛇が住み、しばしば危害を与え、大峰の霊場も荒廃に帰した。そこで理源大師は勅命を受け、奈良居住の先達で武勇に富む箱屋勘兵衛を供につれて、百螺山下にきたり、法螺が淵で垢離をとり、百螺岳に登って、大螺を吹き鳴らして祈祷を行われると、その音は百螺を一時に鳴らしたごとくであったから、山を百螺岳という。

さてその響きに揺り動かされて、大蛇は洞を出て、この山に向かってきたが、そこを大師は法力をもって呪縛し、箱屋勘兵衛は大鉞をふるって、たやすく両断した。これで大峰登山の道も再開された。寺宝の法螺と蛇骨は、この時のものである。法螺は長さ四〇センチメートル、胴囲六〇センチメートルあまり、蛇骨は脊椎骨第三節まで付着、長さ三〇センチメートルの頭蓋骨である。

鳳閣寺本堂

奈良に餅飯殿町というのがある。箱屋勘兵衛の居住地だが、勘兵衛が、奈良から鳳閣寺へ、理源大師の御機嫌伺いに参上のつど、大師好物の餅・飯などを持参したので、大師は勘兵衛を「餅飯殿」とたわむれに呼ばれた。それからこの町名が出たという。

（『大和の伝説』）

理源大師像

【伝説探訪】

理源大師聖宝は、『醍醐寺根本僧正略伝』によれば、平安時代のはじめ天長九年（八三二）に生まれた。京都の人で、天智天皇の皇子の志貴（施基）皇子の第一皇子である春日親王の後、五世の恒蔭王である。延喜九年（九〇九）に亡くなっている。七十八年の生涯であった。亡くなった後も一旦遺骸を棺に納めたが、その蓋を開いてみると遺骸はなく、都率天の内院に上昇したという伝説を始め、様々な転生の伝説が生まれた。聖宝への敬慕の念と神格化が起こった。京都に醍醐寺を創建した僧侶として名高い。

聖宝と南都仏教のつながりは、空海の弟が別当を務めていた東大寺に、桓蔭王（聖宝）が出家入門したことにはじまる。聖宝は東大寺で三論宗や法相宗の典籍を学んでいる。その頃の話として、『醍醐寺根本僧正略伝』に次のようなことが紹介されている。このころ聖宝は、東大寺の東僧坊の南第二室に住んでいたが、ここは現在の大仏殿の裏の北東の場所にあった。そのころこの南第二室は鬼の住処となって荒廃し、人間の住むところではなく恐れられていた。ところが聖宝はこの部屋で何の恐れもなく住んでいたので、鬼神は様々な怪異を現わして聖宝の邪魔をしたが、聖宝を追い払うことが出来ず、鬼神は他に移ったという。その後、この部屋は聖宝の門流の僧侶が代々相続して居住して、修行の場としていたということである。

また『沙石集』の「証月房久の遁世の事」にも聖宝の逸話がある。聖宝が、僧正に任ぜられたときに、お礼に宮中に参内したが、雨が降っていたので、聖宝は蓑笠をさして内裏に出向き、御所の紫宸殿の高欄に掛けた。天皇はそういう聖宝と、聖宝が供に連れてきた観賢が、師の履物を持って控えていたのを見て、感ずるところがあったという。名声を求めず出家としての信念を貫いた聖宝の生き方を物語る話である。

元永元年（一一一八）成立の『東大寺要録』においては以下のような話がある。聖宝が、鬼神の栖で「荒室」と呼ばれている住坊で傍らに茶を一杯置き、鬼神を待っていると、夜中に天井から、大蛇が頭をたれ、口を開けて聖宝を飲もうとした。その瞬間に茶碗の底に大蛇の姿が映った。聖宝が仰ぎ見て大蛇を剣で切り落とした。翌朝、雌の蛇が、人となって言うには、「この坊に長年すんでおりましたが、今、夫を失い、住処も失いました。慈悲をもって住処を許してほしい」と、言いました。そこで聖宝は、他に移させた。雌の大虵を他所に移すことによって、不思議なことがたくさん起きたという後日談まで語られている。

大法螺貝

聖宝は、豪胆な性格で、権勢におもねることなく、弟子に対しては温かい思いやりのある人として伝えられている。多くの弟子の中には仏教史上重要な役割を果たした人物も少なくない。聖宝研究の先駆けをなされた大隅和雄氏は、その著書（『聖宝理源大師』）で、『血脈類集記』『密宗血脈鈔』を紹介し、十二を越える弟子の名前と業績を記されている。

先に挙げた聖宝による「大蛇退治」の伝説が、鳳閣寺の伝説として語られるのは、鳳閣寺住職俊堅による『当山門源記』（一七四二～一七五〇年頃成立）がその初出である。

それ以前の話としては、元亨二年（一三二二）に成立した『元亨釈書』には、「金峯之嶮徑。役君之後。榛塞無行路。宝援葛藟而踏開」とあり、聖宝が茨の道を開いて、役行者以来途絶えていた道を再開したと記されているが、ここには大蛇退治や鳳閣寺についての記述は見られない。正中二年（一三二五）に成立した『真言伝』には、「大峰ハ役行者霊地ヲ行ヒ顕シ給シ後、毒蛇多ク、其道ヲフサギテ参詣スル人ナシ、然ルヲ僧正毒蛇ヲ去ケテ山門ヲ開ク、ソレヨリ以来斗擻ノ行者相続テ絶ルコトナシ」とあり毒蛇によって大峰に参詣することが絶えてしまったと書かれているが、鳳閣寺について記されてはいない。

百螺岳から吉野の山々を望む

聖宝による大蛇退治が鳳閣寺に結びついて語られるのは、江戸時代に書かれた『当山門源記』が最初である。この記録では、役行者が開創した金峰での修行が途絶えていたことを記したあとに次のようなことが書かれている。

> 当山派の開祖である理源大師が、大峰山での修験道を再開するまで、百八十六年間あった。修験道の名義も法系も断絶するばかりであった。さらに悪いことには、大峰山中の安古谷には毒蛇がいて、毒を吐いたので、作物は実らず、人々は病に苦しんでいた。そこで五十九代天皇の宇多天皇が、寛平七年に、聖宝に対して「毒蛇を退治し、大峰山の修験道を再興し、人々の苦しみを救うように」との綸旨をなされた。聖宝は、吉野から大峰山中に分け入り、大峰山に並ぶ深山から大法螺貝を吹いた。深山というのは、今の

鳥栖（現在の黒滝村鳥住）の百螺山鳳閣寺のことである。毒蛇は百もの法螺貝が一度に鳴り響いたかのような音をきいて退散した。鳳閣寺の山号を百螺山というようになったのには、このようないわれがある。

ここでは、法螺貝を吹くことで、毒蛇が退散している。また百螺岳の名前の由来についての記述もみられる。このような、聖宝と吉野鳥栖の鳳閣寺が結びついて説話が生まれてくる背景について、修験道研究者として著名な宮家準氏は、次のように述べている（『修験道思想の研究』）。

醍醐三宝院では、当山派の宗祖として聖宝を慶讃すると共に、その権威をもとにして当山三十六正大先達衆配下の修験者の直接的な掌握を図ったのである。すなわち元禄十三年（一七〇〇）高賢は、江戸戒定院を鳳閣寺と改称し、当山派の諸国総袈裟頭、三宝院上臈院家とした。そして同寺住職を吉野鳥栖の鳳閣寺、浜松二諦坊住職の兼任とし、当山派の修験者の統括を命じたのである。

吉野町中庄からはるか青根ケ峰を望む

餅飯殿弁財天社

理源大師聖宝について、時代とともに「伝説化」が進んでいることは、これまでの紹介で明らかであるが、現在の「大蛇退治」と鳳閣寺についての伝説が成立するのは、江戸時代であると考えられるのである。

聖宝伝説は、現代においても生成され続けている。近年世界遺産となった大峰奥駈道の弥山山麓に聖宝八丁がある。大峰山奥駈けにおいては、まさしく「胸突き八丁」であるが、その起点に聖宝理源大師像が祀られている。奥駈けの途中で雨に遭った時に、「不心得者が理源大師に触ったんやろうか」などと話されているのを聞いたことがある。

聖宝理源大師は、箱屋勘兵衛の暮らしていた餅飯殿にも祀られている。餅飯殿（現奈良市餅飯殿町）に、餅飯殿弁財天社と理源大師堂として祀られ、餅飯殿町の人々は毎年八月に大峰山上と吉野郡天川村の天河弁財天に参拝するとのことである（『奈良町風土記』）。

（軽澤照文）

伝説地情報

［鳳閣寺］

- 行事　七月二十七日　火渡りの神事がある。
- 拝観料　無料。ただし、普段は無住であるので、事前に確認のこと。
- お土産　だらにすけ丸（生薬胃腸薬）、木工芸品、等

［餅飯殿］

- 行事　なら燈火会（奈良公園一円）
- お土産　笹餅飯（箱屋本店）、銘菓青丹よし（萬勝堂など）
- 鳳閣寺へのアクセス　所在地　奈良県吉野郡黒滝村鳥住90
交通手段　近鉄吉野線下市口駅から奈良交通バスで黒滝総合案内センター下車。黒滝ふれあいバスに乗り換えて鳥住下車。徒歩約30分。（本数が少ないので、事前に確認のこと）土・日は近鉄下市口駅からタクシー。徒歩約5分。
- 餅飯殿町へのアクセス　所在地　奈良県奈良市餅飯殿町
交通手段　近鉄奈良線奈良駅を下車し行基菩薩噴水前を南へ二〇〇メートル。JR奈良駅下車。三条通りを東へ八〇〇メートル。

采女と猿沢池

奈良市樽井町

奈良時代、天皇の寵愛の薄れたことを嘆き、采女《うねめ》は猿沢池に入水《じゅすい》した。そのとき、采女は池のそばの柳の木に衣を掛けた。これを衣掛柳という。采女が入水するときに足を掛けたと伝える岩も残っている。後に、采女の死を悼《いた》んで、池を背にして小さな祠《ほこら》が建てられた。これは、春日神社に向き合わないためだという。

【伝説探訪】

興福寺の南に、柳に囲まれた穏やかで大きな池がある。これが猿沢池である。そして、猿沢池のそばに立つ小さな祠《ほこら》が采女神社である。所伝によると、この神社では室町時代から春日神社の神職によって例祭が行なわれていた。戦時中断したが昭和二十七年（一九五二）に復活した。采女祭が現在の形になったのは昭和六十三年（一九八七）頃という。

この有名な伝説は、早く平安時代の文献に見え、江戸時代の名所案内記である『南都名所集』や『奈良名所八重桜』などに見えており、現代に至る民間伝承としても広く伝わっている。また、近代になって新しい言い伝えも生まれた。例え

采女が衣を掛けたと伝える柳

ば、

采女祭のとき、猿沢池の水を手足につけるとしもやけにならない。また、采女祭で、御姫様が舟に乗り、池を回って扇を流す。これを拾うと病気にならない。

などというものである。

これらの伝承の中で、核になる最も古い伝説は、十世紀中頃に書かれた『大和物語』に見える。その内容は、昔、奈良帝《ならのみかど》に仕えていた采女がいた。美しい人であったので、公卿たちが求婚したけれども、采女は靡《なび》かなかった。帝は采女を一度寝所に召したが、二度と召すことがなかった。悲しんだ采女は、猿沢の池に身を投げた。帝は悲しみ、猿沢の池に行幸した。従駕した柿本人麿は、

わぎもこがねくたれ髪を猿沢の池の玉藻と見るぞかなしき

(私のいとしい采女の寝乱れた髪を、彼女が身投げした今となっては、まるで猿沢の池の藻と見なければならないことが、まことに悲しい)

と詠んだ。帝は、

猿沢の池もつらしな　わぎもこが玉藻かづかば水ぞひなまし

(猿沢の池までも恨めしく感じられる。いとしい采女が池に身を投げ、水の中の藻を頭にかぶったときに、水が干上がればよかったのに)

と詠まれた。そして墓を造り、還幸された、というものである。

さらに、今から一〇〇〇年前、清少納言は『枕草子』「池は」の条に「勝間田の池、磐余《いわれ》の池、贄野《にえの》の池」などと池の名を挙げている。そして贄野の池(山城国綴喜郡)について、自分が初瀬詣の折に水鳥が隙間なく沢山集まり、鳴き騒いでいたことを興味深く目撃した、と記している。さらに、「水無しの池」(所在不明)については、どうしてこんな不思議な名前を付けたのか不思議に思い、人にそのわけを尋ねたが、なお疑問が残ったと記している。そして、この「猿沢の池」を取り上げ、

猿沢池から興福寺を望む

> 采女が身を投げたことを聞かれ、天皇が行幸されたことは讃えるべきことである。「寝くたれ髪を」（寝乱れた髪を）と、人麿が詠んだ頃のことを思うと、譬えようもなくすばらしい。

と述べている。このように清少納言が池の名を挙げるのは、実際の体験に基づく場合もあるが、地名のもつ言葉そのものの面白さに興味を向けているからである。ただ、「猿沢の池」だけは天皇の行幸があったことが尊い、と述べている。

実は、『大和物語』に見える采女の入水と帝の行幸の物語は歴史的な出来事に基づくというよりも、もともと意図的に構成された物語である。そもそも、死の穢《けが》れを忌む古代天皇が、他界した采女のためにわざわざ行幸するなどということはありえない。歌聖《かせい》と讃えられた人麿が、和歌をもって采女を追悼し、さらに帝自身も和歌を詠んで慰撫したということは、この時代ではおそらくありえない。またもし奈良帝が平城帝のことだとすると、人麿とは時代が合わない。つまり、このような物語の構成そのものが意図的なものであって、ありえない構成が、帝の采女に対する寵愛の深さを表現しているといえる。

物語の成立の経過からいうと、「わぎもこが」という和歌は、もともと、女性が寝乱れた髪の美しさを讃える、男の恋の歌であった。つまり、古語の「かなし」は「愛し」であり、「いとしい」という意味であった。その髪の美しさはまるで、猿沢の池の美しい藻のようだ、と。この和歌は、『万葉集』の時代をあまり遠ざからない頃から伝承されていた歌であったとみられる。作者は不明であり、おそらく誰もが知っている愛唱歌であった。「いとしい」という意味の「愛《かな》し」を、「悲し」と読み変えることで、恋の和歌を哀悼の和歌に変え、平安時代の宮廷における女性の悲恋の物語に仕立て上げたのである。平安貴族たちは、そのような趣向を好んで物語を作った。

物語によると、帝は采女のために墓を造った。それは死者を慰め、鎮めるためであった。そして実際に、社が建てられている。本来、入水して果てた女性を祭祀することには、もっと大きな意味がある。古代以来、日本では若くして志半ばで夭逝《ようせつ》したり、事故などで無念の死を遂げた死者を神として祀った。死者が霊《りょう》となって祟《たた》ることを恐れたのである。祀ることで祟り神を鎮めようとしたところに、日本人特有の精神史がある。

奈良は一年を通して雨が少ない。それで古くは多く溜池が掘られた。猿沢池は興福寺の放生池であったが、もとは干魃に備えて造られたものかもしれない。あるいは、春日山からの流水による池とも考えられる。『奈良県の地名』によると、語源は狭野《さの》・沢という意味で「さぬ・さわ」が訛って猿沢となったという。民俗学者柳田国男は「さるさわ」という池の主、水に住む神がいたと推測している。また、猿沢池の伝説の基盤に龍神信仰があり、春日山の信仰や室生の龍穴信仰などとも関連があるといわれている。鎌倉初期に成立した『古事談』には、室生の龍穴には善達龍王がいた。この龍王は初め猿沢池に住んでいたが、采女が身投げした時に、龍王は死の穢れを避けて春日山の南にある香山に住むようになったという。

さらに興福寺に関する由来や伝承を記録した『興福寺流記』は、猿沢池が龍の池であるという。興福寺が寺勢を拡大し、室生寺を組み入れるようになった中世に、猿沢池と龍の結びつきが生まれたと考えることもできる。現在でも「猿沢池の亀を捕まえると雨が降る」という言い伝えは、この系統の伝承の記憶である。

もうひとつ、全く系統の違う伝説が、十二世紀初頭に成立した『七

采女神社

大寺巡礼私記』に見える。これは奈良七大寺を巡礼した記録である。これによると、平城帝は薬子《くすこ》を寵愛した。それで、寵愛を失った皇后継子が、この池に投身自殺したという。

また、別伝として、桓武帝の三人の皇子が皇位継承争いをした。平城帝と淳和帝が合戦した果てに、平城帝が内裏を出御した。皇后もこの池に身投げした。帝は悲しみ、和歌「わぎもこが」を詠じ、出家したとも伝えている。

いずれにしても、猿沢池の伝説は、后が入水したことを基本とする。この伝説の骨格は、龍神に生贄を捧げたという神話を古層とする。平安時代、この神話を基に、帝に寵愛を失った采女の入水伝説が作られた。後に、猿沢池は、興福寺の放生池とされた。また、猿候池になぞらえられた。古くからの神話に基いて物語が作られるとともに、仏教的な意味付けが加えられたと考えることができる。

ひとつの伝説は、文学の歴史そのものであり、日本の信仰の歴史そのものであったのである。

（廣田　收）

伝説地情報

行事

仲秋の名月の日、采女祭。夕刻、稚児行列があり、春日神社の神主によって神事が行われ、七時頃から舟を浮かべる。日は年によって動く。雨天中止の場合もある。

拝観料

無料

お土産

特になし

猿沢池へのアクセス

所在地　奈良県奈良市樽井町

交通手段　近鉄奈良駅より南東へ徒歩10分、又はＪＲ奈良駅より東へ徒歩20分

御霊神社と道祖神

奈良市薬師堂町・今御門町

「昔、御霊神社の神様と、道祖神の神様が博打を打って道祖神が負け、その氏子の殆どを御霊神社にとられてしまった。だから、御霊神社は今でも沢山の氏子を持っており、道祖神のほうは、今御門、東寺林、西寺林だけで維持しておられるという。……道祖神は今でも『博打の神様』と呼ばれて人々から親しまれている」(『奈良の昔話』)。これは御霊神社と目と鼻の先に住む増尾正子さんの伝えているものであるが、あくまで地元の伝承であり御霊神社では特にそのような由来を語ることはないという。勿論、話の伝承者である増尾さんは御霊神社の祭神が博打など打たれるはずもない高貴な方々であることは百もご承知である。勝った神ではなく負けた道祖神の方が『博打の神様』として親しまれているというところが、民間信仰の興味深いところである。現在この道祖神(猿田彦神社)も御霊神社の宮司が兼務社として奉仕されている。

【伝説探訪】

・御霊神社(奈良市薬師堂町)

神護景雲四年(七七〇)、称徳女帝は後継天皇を指名しない

御霊神社社頭

まま崩御した。称徳は壬申の乱で勝利した天武天皇の皇統に連なる最後の天皇であったが、新たに重臣達から押される形で即位したのは天智天皇の孫の白壁王（光仁天皇）であった。天武系から天智系へのこの皇統の移転にはかなりのいざこざを生じたと考えられるが、聖武天皇（称徳の父・天武の曾孫）の娘の井上内親王を皇后とし、その子他戸親王を皇太子に立てることで天武系、天智系両統の妥協が図られた。しかし、井上内親王立后より一年四ヶ月後に事件は起こる。宝亀三年（七七二）三月、井上内親王は藤原の百川《ももかわ》らに人をのろった罪に問われて廃后、同年五月に子の他戸親王は廃太子。翌宝亀四年（七七三）十月、井上内親王は難波内親王（光仁天皇の姉）をのろい殺したという罪で子の他戸親王と共に宇智郡（現在の奈良県五條市あたり）に幽閉された後、宝亀六年（七七五）、日を同じくして不自然な死をとげる。その後瓦、石、塊が京中に降ったり、日照りや井戸の枯渇、河川の渇水など奇怪な事件や異常気象が続いた。井上内親王のたたりが恐れられ、その墓は改葬され、「御墓」と称された。天応元年（七八一）、光仁天皇は井上内親王とは別の妃である高野新笠《たかののにいがさ》が生んだ山部親王（桓武天皇）に譲位し、山部親王の同母弟早良親王を皇太子とした。延暦四年（七八五）、長岡京造営の責任者である藤原種継が暗殺された。早良《さわら》親王にもうたがいが及び、乙訓寺に幽閉の後淡路に移送される途中、早良親王は自ら食を断って餓死したが、遺体はそのまま淡路に送られて葬られた。これについては、桓武天皇の子、安殿《あて》親王（後の平城天皇）を皇太子にという勢力により早良親王が陥れられたとする見解が有力である。ところが、その安殿親王の病が久しかった。『日本紀略』には「皇太子は長患いをしておられる。占いによると、崇道天皇がたたっておられるということである」とある。

早良親王のたたりを恐れた桓武は早良親王に崇道天皇の尊号をおくり、井上内親王を皇后に復した。井上内親王は後、更に皇太后をおくられている。京都の上御霊神社・下御霊神社を始めとして各地にこれらの不遇の死をとげた人の御霊がまつられたが、その一つがこの御霊神社なのである。

御霊神社は井上内親王と他戸親王が幽閉された「宇智郡霊安寺から神を移したもの」（『奈良市史　社寺編』）である。もとは奈良町の井上町にあったが、「宝徳年間に伽藍が廃亡した後元興寺観音堂大塔の南西にお遷しした」（『奈良坊目拙解』巻第二）とあり、寛政三年（一七九一）の『大和名所図会』には現在とほぼ同じ配置で描かれている。当社にまつられているのは、ここに述べた井上皇后、他戸親王、早良親王に藤原広嗣、藤原大夫人、伊予親王、橘逸勢、文屋宮田麿を加えたいわゆる八所御霊であるが、地元では御霊神社のそれら祭神についてのうらみや恐怖に満ちた伝承が語られることはほとんどない。御霊神社は地元では「ごりょうさん」と呼ばれ（二一八頁「御霊神社秋祭りのポスター」につけられたふりがな参照）、あくまで氏子の成長、健康を見守り、恩恵を与えて下さる「氏神様」以外の何ものでもないのである。御霊神社には、多くの人が例大祭とお正月にお参りをするものの、その御祭神がどなたであるのかと言うことは地元でほとんど意識されることがないという。もちろん、月参りを欠かさない方や神社のすぐ近くに生まれ育った人などはその御祭神が「うらみをもってなくなった方」、「井上皇后やその皇子」などということはご存じであるが、あくまで特定の人格神を拝むという意識ではなく、「ごりょうさん」として参拝するのである。

近年の歴史ブーム、また「魔界」ブームなどによって、不遇の死をとげた人々がまつられた御霊神社を興味本位で訪れる人があるが、「ごりょうさん」は今も人々に平安をもたらして下さる信仰の対象であることを忘れないでいただきたい。京都にも、崇道天皇、井上大皇后、他戸親王などをまつる上御霊神社があるが、この神社もやはり地元ではあくまで奈良町の御霊神社と同じく「ごりょうさん」であり、不気味なイメージなど一切ない。画面周辺を黒く落として、鳥居や境内をなにやら怪しげな雰囲気に写した写真を掲載している雑誌などを見かけることがあるが、それは地元の氏子達が見ている「ごりょうさん」とはおよそかけ離れた映像である。

うらみをもって死んでいった人々の「怨霊」は手厚くまつられ年月を経るにしたがって、人々を助ける「御霊」

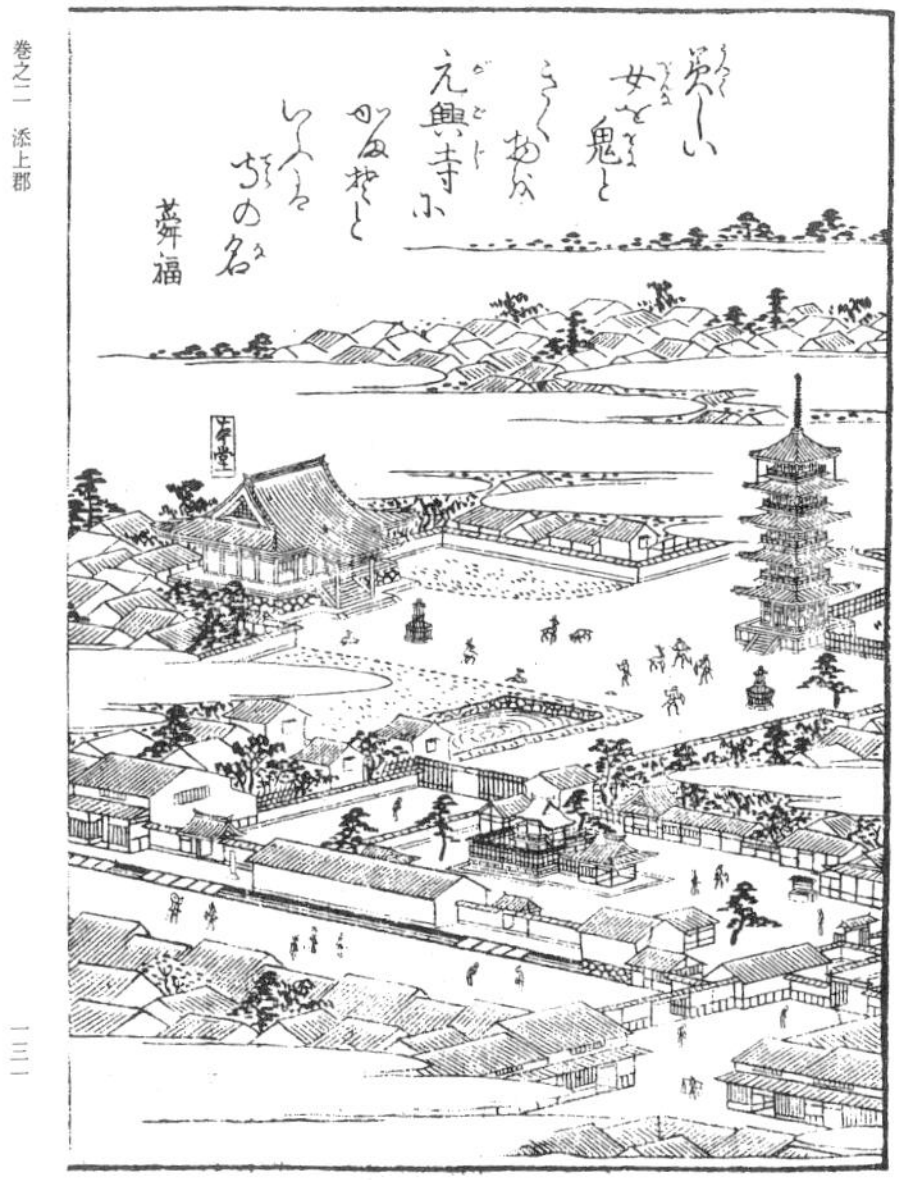

『大和名所図会』（臨川書店　版本地誌大系３『大和名所図会』より）

御霊神社の狛犬

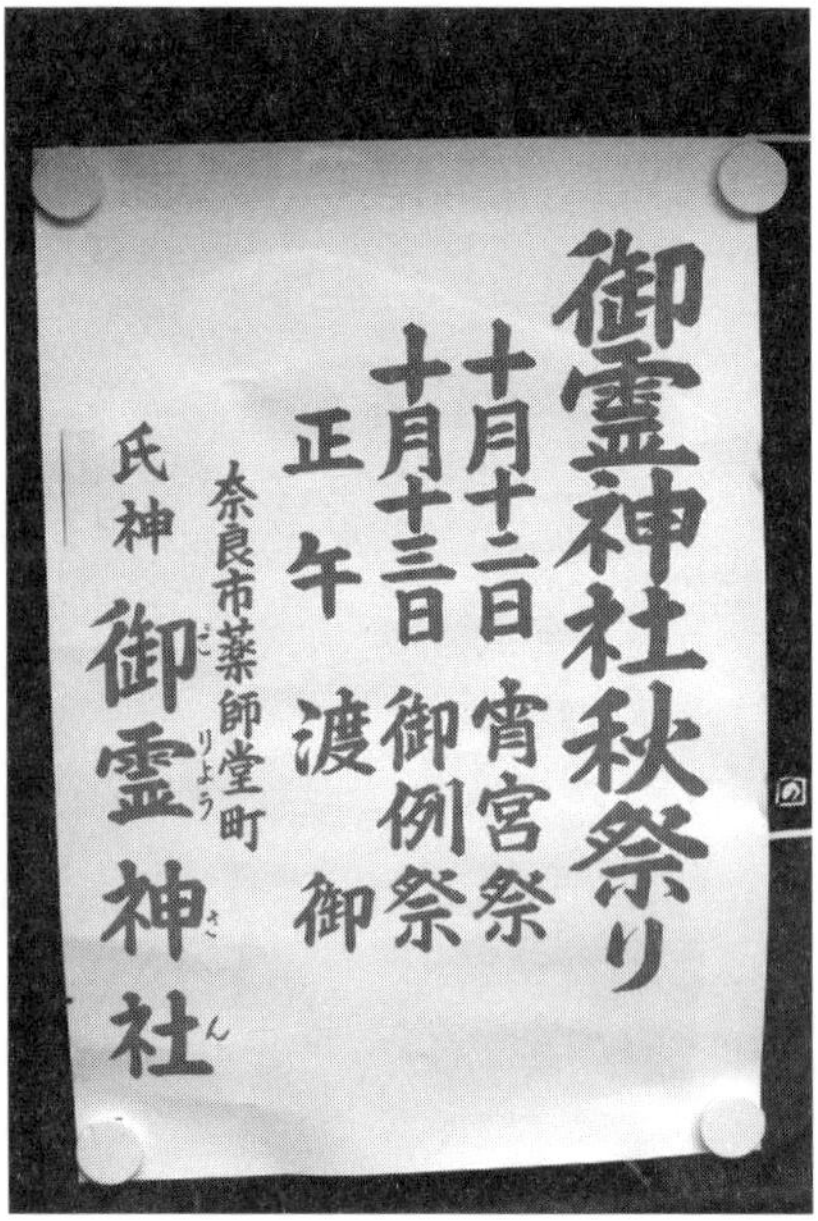

御霊神社秋祭りのポスター

に大転換をとげる。うらみは永遠に続くのではなく、祭祀対象となり、信仰を得て逆に人々を守る力となる。これが日本の信仰の一つの形態であり、東洋の精神文化の中でも日本独自の特徴と言えそうである。

地元の氏子が「ごりょうさん」に対して抱く穏やかな感情は、近年になってからその祭神に対する伝承が忘れられたために生じたものではない。長禄二年（一四五八）に東大寺の祐成という僧が書いた『霊安寺御霊大明神略縁起』には「氏子達もただ御霊大明神と申し上げているだけで、どのような人が神となってそう呼ばれているのかを明確に知っている人はいない」とあり、今から五五〇年も前、霊安寺から勧請する前の段階においてすでにその祭神の何たるかが地元では意識されていなかったことがわかる。

興味深い地元の信仰をもう一つ。鳥居の両側の獅子・狛犬の脚に注目していただきたい。これは子供のいたずらでも、露店商がほどき忘れた縁日の名残でもない。家出人が出たときに狛犬の脚にひもをくくると「足止め」になるというのである。このビニール製のひも、どう見てもそう古いものではない。御霊神社は祭神の何たるかが意識されなくても、氏子にとって昔も今も頼ることの

道祖神（猿田彦神社）

出来る「ごりょうさん」なのである。

・道祖神（猿田彦神社）（奈良市今御門町）

今から二〇〇年ほど前に無名園古道（俗名村井勝九郎）によって書かれた『奈良坊目拙解』第二に「今御門の道祖神は別名幸神とも称する。地元では間違って塞の神と言う」とあり、「塞」は「すごろくをうつ」意である（諸橋轍次『大漢和辞典』巻八）ことから「博打の神」という連想を生んだのであろうと思われる。

（藤原享和）

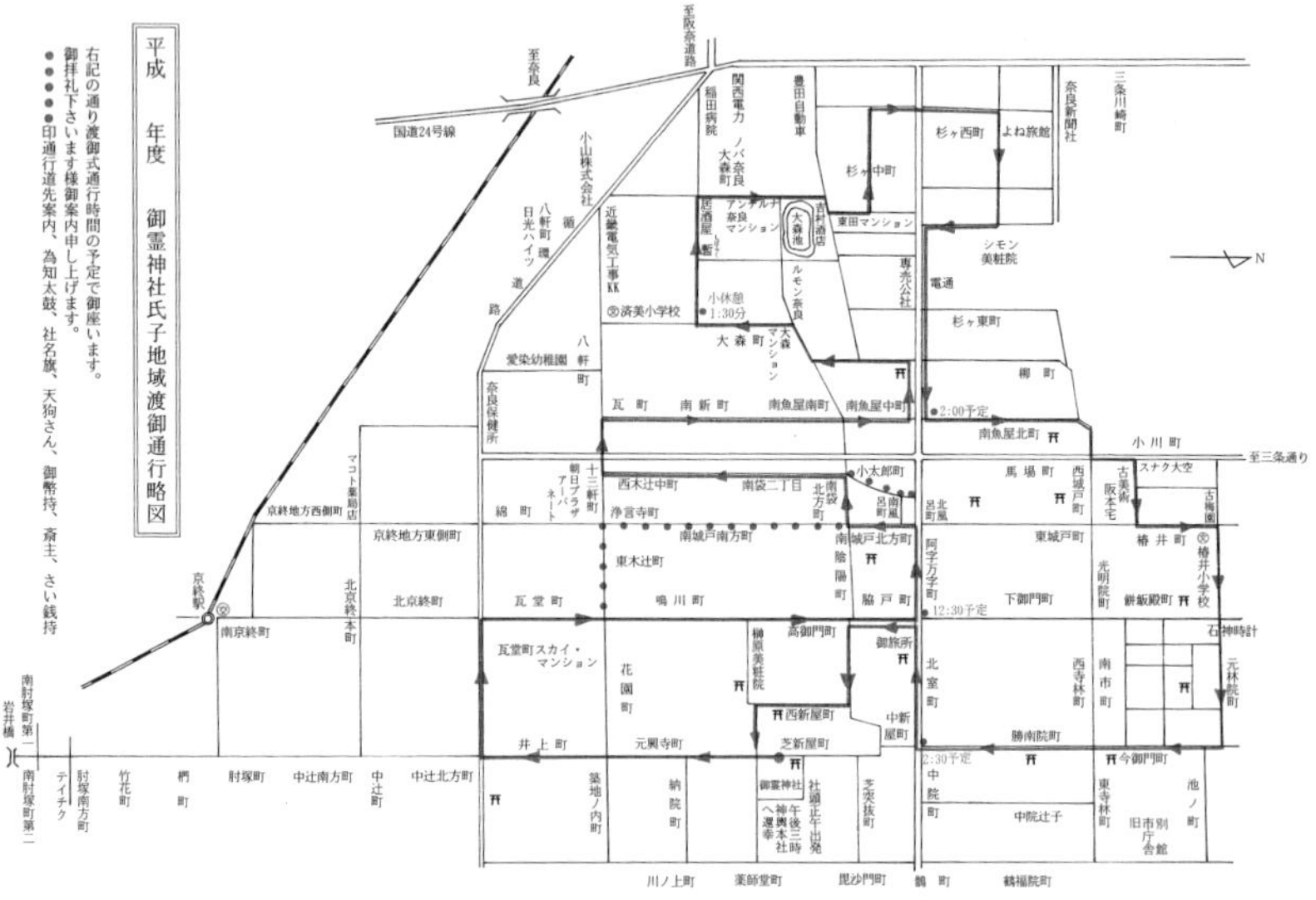

神輿渡御通行略図Ａ

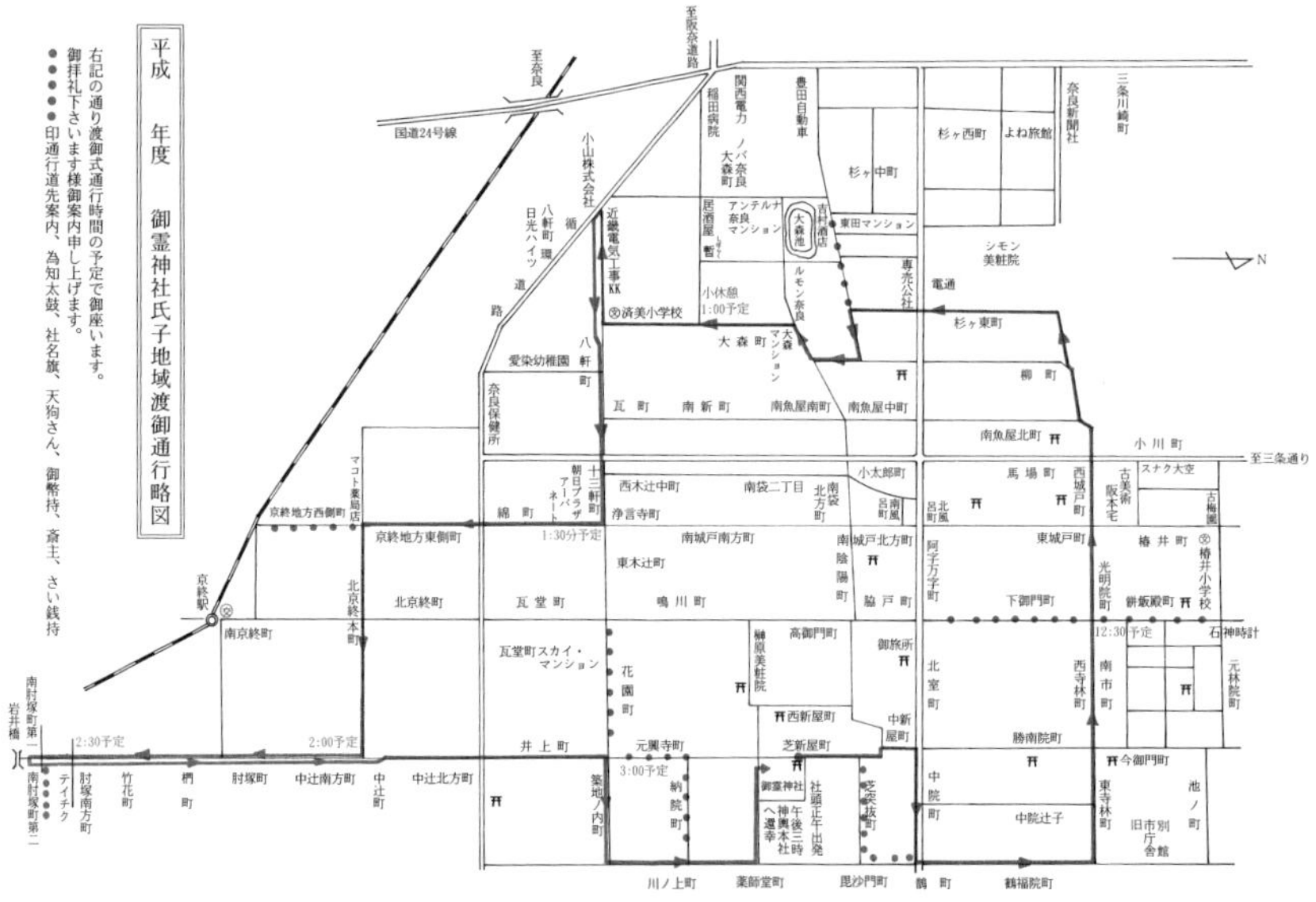

神輿渡御通行略図Ｂ

伝説地情報

行事

・御霊神社

秋季例大祭

宵宮祭　十月十二日午後五時より。午後六時〜九時「御幣（オハケ）」御神徳をいただく神事。拝殿で神職がお札を参拝者の頭上にかざす。申し込みなしで誰でも参加できる。

例大祭　十月十三日午前十時より。正午より神輿渡御式。渡御の道順は二通りあり（前頁参照）、年毎に替わるので参観時には御霊神社に問い合わせること。

・道祖神（猿田彦神社）

例祭　九月七日　社頭で御霊神社宮司により神事が行われる。

拝観料は両社とも不要

お土産

春日庵　さつま焼（明治三十年創業の同店の名物）　化粧箱入八個一三〇〇円　奈良市中新屋町29

御霊神社へのアクセス

所在地　奈良市薬師堂町21

交通手段　近鉄（またはＪＲ）奈良駅より市内循環バスで田中町下車、北へ二つめの十字路約一〇〇メートル西へ入る右側（近鉄奈良駅より徒歩約20分）

道祖神（猿田彦神社）へのアクセス

所在地　奈良市今御門町1

交通手段　御霊神社より北へ徒歩約10分

中将姫誕生の寺

奈良市三棟町

当山は天平十九年八月十八日、中将姫法如比丘尼が誕生した三棟殿である。父は横佩の朝臣藤原の豊成卿、母は二位紫の前と申した。夫婦は子のないのを歎き、木の本の明神に祈り、霊告のまにまに長谷寺観音に祈誓をして子を授かったのであった。中将姫は五歳で母を亡くした。継母照夜の前にかしずくように仕えたが継母は豊寿丸《とよほぎまる》を生んでからというもの姫につらく当たるようになり、山下藤内載則《とうないとしのり》に命じて命を害せんとたくらんだ。また、姫に毒酒を飲ませようとしたが、手違いのためわが子豊寿丸を死なせてしまってからはいよいよ深く姫を恨み、松井嘉藤太《かとうた》に厳命を下し雲雀山にて殺害しようとした。しかし、姫の、父母や継母に対してさえも慈悲の言葉を聞いた嘉藤太は、たちまち慙愧と後悔の念にかられ、国岡将監の身代わり娘、瀬雲の首を偽首に仕立て姫を救った。やがて父にめぐり合った姫は十七歳の時、当麻寺実雅《じつが》阿闍梨のもとで出家し法如比丘尼と名乗った。

法如は、綸旨により近江、大和、河内から九十余駄の蓮茎を集め、一丈五尺の大曼荼羅を織り出し、称讃浄土経一千巻書写し、自分のため亡くなった人への供養とした。やがて父

誕生寺二十五菩薩

にも死別し、世路の苦みを嘗め尽くし、宝亀六年四月十四日合掌誦経のまま大往生を遂げたのであった。この方を当山の第一世と仰ぎ、父豊成、母紫の前、法如の三人を三つの棟にまつり三棟殿と称し、法如誕生の霊地として誕生寺という。（誕生寺発行『中将法如御誕生地三棟殿縁起』より取意私訳）

【伝説探訪】

誕生寺は、ＪＲ奈良駅から、ゆっくり歩いて三十分ほど。京終《きょうばて》にほど近い所にある。車通で賑やかな三条通りを通り抜け、南円堂の手前で南へ、ならまちのアーケードを今度は様々な店と民家の顔つきを愉しみながら歩く。誕生寺へは近鉄電車の駅からはもっと近いし、また、バスに乗って最寄の停留所まで一気に赴くこともできるが、ここはひとつ、奈良の表情を自分の脚で確かめたいところだ。やがて見えてきた誕生寺山門前の石柱には、優雅な文字でこう刻み付けてある。

誕生寺山門

　中将姫誕生霊地　従一位右大臣豊成卿旧跡也
　寛政六甲寅年十二月　再興開山南渓老和尚　實融貞立代

ここ誕生寺は、かの有名な当麻曼陀羅にかかわる伝説をもつ中将姫が誕生した霊地として信仰を集め、父豊成卿の旧跡としても名高い尼寺である。古くから女性の願いと信仰を支えてきた寺としての誕生寺を紹介しよう。

　大慈大悲の観世音　衆生を救ひ給はんと　吾日の本に生を受け
　奈良の都に三棟と　その名も高き横萩の　豊成卿の姫君に　誕生
　美麗の御姿と　生れ出させ給ひつゝ　それゆへ自ら其跡を　誕生

寺とぞつけ給ふ

『中将姫涙和讃』が四月十四日の会式に集まった女性講員たちによって詠じられた。ならまちの、静かな町並みに、慎ましやかにたたずむ誕生寺の本堂で、女性たちの声が哀切極まりなく響く。『当麻曼荼羅縁起』によれば、横佩大臣の娘は、光仁天皇の御宇、宝亀六年（七七五）三月十四日に往生したとある。年齢を示すものといえば、大炊天皇の御宇にいらっしゃったという記事と宝亀六年に往生を遂げたという記事のみ。永享八年（一四三六）浄土宗鎮西流の酉誉の著した『当麻曼陀羅疏』には、彼女は母が七日七夜、長谷寺に祈念して授かった子で天平十九年（七四七）三月に生まれた、とある。すると中将姫は二十九歳で往生を遂げたことになる。

誕生寺の会式は中将姫の祥月命日としてお勤めがなされている。当日は四十年ほど前まで、茶道の社中さんたちが集い、振袖を着た数多の娘さんたちで賑わったという。会式における本堂の荘厳は実におごそかだ。正面には中将姫が厨子に納められ、向かって右側に中将姫曼荼羅図一幅が掛けられ、その前に阿弥陀聖衆来迎図（六曲一隻の小屏風）が置かれる。いずれも見事な彩色が施され、中将姫がいかに大切に信仰されているかが伝わってくる。中将姫に向かい、住職の尼僧、他に法中二人、浄土宗の勤行次第に則りながら、途中で『中将姫涙和讃』が入る。導師・法中・参詣者全員が鐘にあわせ、簡単なリズムにのせて唱和する。観音講であればここで西国三十三所御詠歌が入ることであろう。まさに会式は講としての形式を備えたものであった。曼荼羅図はこの会式の前数日と当日の数日間以外は他所に預けられている。その曼荼羅に向かって、会式終了後に尼僧が言った「またあいましょう」という言葉に、尼僧の歩まれた修行の日々が重ねられて聞こえ、心に響いた。

それにしても、中将姫の和讃に「涙」が付くのはいかなる理由か。「和讃」によれば、五歳の夏に母と死別、九歳の時姫の歌・琴に感嘆した帝から三位中将を賜るが、それが継母の憎悪を掻き立て山へ捨てられる。そして出家の意思を父豊成に知らせるも苦悩の果て、十四歳のとき当麻寺へ入る。豊成への暇乞いに涙にくれつつも、横萩領の当麻寺、実雅阿闍梨の弟子となり、法如比丘尼となった。父の追善菩提に称讃浄土経一千巻書写、念仏三昧修行の上、往生を遂げたというのである。

『中将姫涙和讃』はかく終わる。

　頃しも宝亀六とせの　四月中旬第四日　紫雲たなびき音楽の　異香薫ずる一間にて　弥陀の名号唱へつゝ　廿九
　才の春をすぎ　大往生をとげ給ふ　げに姫君は末代の　女人往生の鑑なり　念仏を益々唱ふべし

中将姫の娑婆での苦悩はまさに涙に暮れた物語として受け止められている。姫の哀切極まりない一生は多くの女性の共感をえた内容であったに違いない。多くの女性は中将姫の悲しみを自らのものとして共感できた。かつて、誕生寺周辺には悲しい女性の生活物語があった。

菩薩の一体

　一方、「涙」にはもうひとつ、隠された意味もありそうだ。『明和の春』は明和四・五年（一七六七・六八）における大阪の世相を残している。その明和五年に「大変山難渋寺開帳」の内容が示され、宝物一覧に「こつじき上人之御筆」の「なみだ如来掛物」があったり、「ひんらん上人御筆」なる「よくじの名号」があったりする。ここにいう「ひんらん上人」とは「親鸞上人」で「よくじの名号」とは「六字の名号」と置き換えられるであろう。すれば、「なみだ如来」は阿弥陀如来をあらわすのであろうか。同じく正月二十二日からは「難波香なみだ如来開帳」が安平寺で開催されたという記事も載せている。『明和の春』は、田中豊氏が指摘されるように「家質騒動に際しての言説を集めたもの」で「大坂の批判的、かつ風刺精神」が見られようが、十八世紀半ばから明治初年に至るまで盛んに行なわれた開帳や見世物などの流れでいえば、いわゆる「おどけ」の類となろう。中将姫の和讃に「おどけ」の精神が反映されているとは思われないが、女性たちの、姫への信仰は間違いなく阿弥陀如来の来迎にあったはずであるから、「なみだ」と「阿弥陀」が表現上、呼応しているということは考えられてもいいのではなかろうか。

父に対する追善供養が実り、見事親孝行も叶い、その上自らも極楽往生できたことで「女人往生の鑑」と言われるところにかつての女性に対する社会的要請が仄見えるともいえる。女性にとってはかくも厳しい世の中であった。

こんなことを考えながら、誕生寺の裏手を案内していただいた。ここへは何度訪れてもそのたびに言葉に表せない感動が身を包む。感動というより、なんとも言えない安心感、あるいは暖かさがある。ここには「中将姫産湯の井」があり、娑婆堂と往生堂が対峙しその間に二十五菩薩が並んでいる。中将姫の誕生（生）と往生（死）が一如となった世界である。

誕生寺は中将姫の誕生を伝える寺であり、それは同時に往生を実感できる寺でもある。そこにはなにかしら、我々訪れるものに深い安堵感を与えてくれる空気がある。猿沢池で弁当を広げたら、となりに座った年配の男性と仲良くなった。その人の「他人にはなるべくあんじょうしてやろと思うて」と問わず語りに語ってくれた言葉とともに忘れられない奈良の思い出が、またひとつ、ふえた。

（菊池政和）

伝説地情報

行事

会式　四月十四日　施餓鬼供養　八月二十六日　十夜法要　十一月十三日　仏名会　十二月八日

拝観料

五百円

誕生寺（異香山　尼寺第十六番）**へのアクセス**

所在地　奈良市三棟町2

交通手段　近鉄奈良駅より南へ徒歩15分　又はＪＲ奈良駅より東南へ徒歩25分

饅頭の神様・林神社

奈良市漢国町

近鉄奈良駅の西側、高天の交差点をやすらぎの道沿いに南に進むと、駅前通のビルに並んで、漢国神社の鳥居が現れる。鳥居をくぐってまっすぐ歩くと、間もなく緑豊かな境内にたどり着き、社殿の落ち着いたたたずまいに駅前の喧騒を忘れることになる。

漢国神社の社殿に向かって右側に、饅頭の神様をまつる林神社がある。全国の菓子業者が厚い信仰を寄せ、春の祭りには、全国から饅頭がお供えされ、華やかな賑わいとなる。また、境内の、大きな丸い石のある所は、饅頭塚と呼ばれている。

【伝説探訪】

「饅頭の神様」は、中国から日本に初めて饅頭を伝えた林浄因である。林浄因は、北宋の孤高の詩人林和靖の末裔であるとも伝えられる。浄因が日本に来た由縁は、日本の禅僧龍山徳見との出会いにある。龍山徳見禅師は中国(元)で四十五年間修行を続けた高僧である。禅師が日本に帰る際、禅僧十七名、船主以下中国人十一名が随侍してはるばる海を渡ってきた。林浄因は、十一名の中国人のうちの一人である。観応元年(一三五〇)、禅師らの船は九州に帰着した。帰国後の禅師は、足利氏の奏請で京都に戻り、建仁寺、南禅寺、天龍寺の住持となった。こ

春の林神社

林神社春の大祭（饅頭まつり）神前のお供物

の龍山徳見禅師は、建仁寺知足院（知足院は、天文年間の火災の後、別院であった両足院と併せて、両足院と称されることとなる）の開山である。ちなみに、林浄因ゆかりの資史料は、今日、建仁寺両足院に蔵されている。

来日した林浄因は、奈良に住み、日本の人々に饅頭を伝えることになる。中国の饅頭《まんとう》は、中の具に肉や野菜が入っており、そのままでは僧侶たちが食べることはできなかった。それで、林浄因は、小豆を煮詰め、甘葛煎《あまずらせん》で甘みを付けた餡を皮に包んで蒸す餡入り饅頭を工夫した。おりしも、栄西以来、喫茶の風習が広がり、茶の湯の隆盛期にあたり、林浄因の饅頭は好評を博し、大繁盛であったという。

林浄因は、評判となった饅頭を携え、恩師龍山徳見禅師を訪ねるうちに、宮中にこの饅頭を献上する機会を得た。帝は饅頭を気に入り、林浄因を寵遇、官女を賜ることとなった。この官女との婚儀に際し、紅白饅頭を作って配り、そのうちの紅白饅頭一組は子孫繁栄を願って丸い大きな石の下に埋めたという。この石は、現在、林神社のお社に向かって左奥にあり、「饅頭塚」と呼ばれている。なお、その後、男の子二人、女の子二人を授かったが、龍山徳見禅師が亡くなった翌年延文四年（一三五九）、林浄因は、望郷の念耐えがたく、妻子を日本に残して帰国してしまったという。とはいえ、妻子は家業を続け、林家は京都の北家と奈良の南家に分かれ、やがて屋号を塩瀬と改め、江戸に移って今日に至るまで続く饅頭屋となっている。

江戸時代当時の奈良の物産を俳文で記録した村井古道（無名園若水）は、『南都名産文集』の「饅頭」の項目で、林浄因の業績を示したあと、奈良饅頭の賛を次のように記している。

まろきことは春山の雪礫　むまきことは仙家の桃梨　ちう気を補ひ臓腑を和す　うれひに用ひ嘉儀を祝す

春の山の雪つぶてのようにまぁるく、仙人の世界の魔法の果実のようにおいしく、脾臓や胃、内臓の養生にも、弔事にも慶事にも…今日のわれわれをも思わず微笑ませる誉め言葉である。また、饅頭の四季の句も添えられている。

まんちうの肌にも知れて余寒哉
むへも売れ饅頭抛て魚涼し
ちからたす杖まんちうや秋の灸
うち出でて杉の雪見む饅頭店

（『南都名産文集』）

林浄因の伝えた饅頭は、四季折々の近世の奈良の暮らしの中に、茶目っ気たっぷり、ほこほことなじんでいる。

林神社および漢国神社から一本南側の東西の通りは、現在も林小路町と呼ばれている。林浄因が住んで饅頭屋を営んでいたとも、その子孫が住んでいたとも伝えられる。この通りは、浄土宗霊厳院に通じる小径である。霊厳院には、『南都名産文集』の村井古道の墓碑がある。のみならず、林浄因を饅頭の祖と記す石の碑が二基ある。それぞれ大正七年と、昭和三年、大阪や京都の饅頭商による建立であり、第二次世界大戦前も林浄因が饅頭の始祖として同業者に崇められていたことがわかる。

戦後、昭和二十八年、京都の西本願寺教学部ブディスト・マガジン刊行会の発行する『ブディスト　マガジン』六月号（第四巻第六号）に、「饅頭伝来記」と題する短編小説が掲載された。主人公は、憂い多い中国の青年、林浄因。この小説の林浄因は、破戒のとがめを受け、師

全国の菓子業者から奉納された饅頭

紅白饅頭の配布

に従って日本に渡ったが、日本になじめずにいる。浄因は、故郷に残した愛する人を想いつつ、日本の子どもたちに饅頭をつくってやるような心弱き（そして優しき）青年として描かれている。「饅頭伝来記」の著者は、三十歳目前の敏腕の新聞記者、福田定一である。ちなみに、この著者が、司馬遼太郎と名乗って世に知られるようになるのはまだもう少し先のことである。

奇しくも右の小説発表の翌年、昭和二十九年四月、やすらぎの道に面した漢国神社の大鳥居に向かって左側麓に、「饅頭の祖神　林神社」と記す大きな碑が、京都菓子協会によって建立された。二年後の昭和三十一年には、塩瀬総本家をはじめ全国の菓子業者の努力と浄財で、林神社の現在の社が完成したという。

昭和四十五年五月、日本万国博覧会開催記念の全国和生菓子大品評会で、社の前のお供え餅形の石像を奉納、五十三年九月には、社前を拡張、和歌山の橋本神社から菓祖神田道間守《たじまもり》命が合祀された。

毎年四月十九日は、林神社の春の大祭が行われる。ふだんは閑静な境内が、参詣の人々と全国の菓子業者から奉納される饅頭で百花繚乱の「饅頭祭り」である。神事の後、参詣者に、紅白饅頭が配られる。年々にぎやかになり、参詣者も増加、近年はあらかじめ紅白饅頭の整理券が配布されるようになっている。

ところで、その後の奈良饅頭はどうなったのであろうか。江戸時代、奈良奉行与力を務めた玉井定時は、「楊麻刀（大和）名勝志」に奈良饅頭の特徴を記録している。

むかし、奈良饅頭の甲に林の字を記した。その後、林の字はいつしかなくなり、べにで丸形をつくった。丸の形は林の遺風か。近ごろは、丸の形もなくなった。

村井古道『南都名産文集』にも類似の記述があり、昔の奈良饅頭の表面に「林」の字があったが、しだいに形骸化し忘れられていったようである。

林浄因の饅頭作りを継ぐ子孫は江戸東京住まいとなったが、今日も奈良で「林」の焼印の入った奈良饅頭を食することができる。近鉄奈良駅前東向き商店街・千代の舎竹村の、「まん志うの始祖　奈良饅頭」である。この饅頭は、古くから作られており、かつては黒餡のみ、焼印も一種類であったという。

昭和の五十年代頃—といえば、林神社が拡張されたころであろうか—から、白餡黒餡の二種類に増やし、焼印も「林」と鹿の絵柄の二種類に、包装紙もカラフルに、箱詰めも九個入りが最小であったものを、六個入りを用意するようになったところ、ますますよく売れているそうである。

饅頭の神様は、今日も、創意と工夫の饅頭の発展を見守ってくださっているようである。


（椿井里子）

伝説地情報

行事

饅頭まつり　四月十九日　神事の後、紅白饅頭の配布、地元和菓子の販売など。
『節用集』まつり　九月十五日　林浄因の子孫、林宗二（饅頭屋宗二）は、饅頭屋を営みつつ学才に秀で、抄物を著し、古今和歌集の奈良伝授を伝え、饅頭屋本『節用集』の作成にかかわったとされる。饅頭屋本『節用集』の発行にちなみ、印刷・出版をたたえ文運を祈願する。出版物がお供えされ、神事のあと講演会が企画される。

お土産

東向き商店街千代の舎竹村。「まん志うの始祖　奈良饅頭」ほか

林神社へのアクセス

所在地　奈良市漢国町6
交通手段　近鉄奈良駅よりやすらぎの道を西側に横断。徒歩5分弱。ＪＲ奈良駅より東へ徒歩15分

吉備塚と奈良教育大学の七不思議

奈良市高畑町

新薬師寺の近く高畑の奈良教育大学構内に吉備塚と呼ばれる塚がある。塚の名の由来は、奈良時代の官人・吉備真備（六九五〜七七五）の墓とされることからである。吉備真備の墓は、これとは別に出身地とされる岡山県倉敷市真備町（旧吉備郡真備町）にもある。吉備塚にさわれば祟りがあるとされ、現状は維持されてきた。塚には大蛇あるいは狐が住むといわれてきた。また、この場所にはかつて吉備真備邸があり、夜ごと晴明塚に通ったという伝承もある。明治四十一年（一九〇八）に農地を埋め立てて、陸軍歩兵第五三連隊駐屯地が設置された。この際も塚を壊そうとしたが、作業員が病気になってしまったことから、作業は中止されてしまった。その後、昭和二十年（一九四五）に米軍に駐屯地として接収され、昭和三十三年（一九五八）には奈良教育大学の前身、奈良学芸大学が当地に移転した。

また、桜井市吉備にも吉備真備伝説が伝わっている。桜井市吉備付近は吉備氏の別業地であったとされ、大臣藪あるいは大臣屋敷と呼ばれる吉備真備の邸跡と伝えられる一郭や、氏寺たる吉備寺があったという場所もある。蓮台寺境内の南

奈良教育大学正門

側には、吉備真備の墓と伝えられる五輪塔がある。五輪塔は花崗岩製、高さ二・一メートル、地輪に銘があり、「為一切衆生、奉造立者也、徳治二年卯月八日、願主当麻秀清」と印刻されている。しかし、徳治二年は一三〇七年で鎌倉時代であり、邸宅跡と云われるものは中世の城跡である。このことから時代には齟齬を来たしている。

また、奈良教育大学の七不思議として、吉備塚も含めて次のような話が伝えられている。

○附属小学校の十三階段　赤レンガで造られた階段で、戦時中からあり当時は処刑場に続いていたという。登るたびに階段の数が変わるという。

○鬼門の北門（開かずの門）　以前は重く錆びた鉄の門だったという。現在の門になってからも、暫くの間は小学生の登下校に使用されていたが、門を出たところで事故が多発したため閉鎖されてしまった。

○吉備塚　悪いことがおこるので、周辺の木々は切らないままとなっている。以前は大戦中に自殺した兵士のために作られた地蔵があったらしいが、現在は行方がわからない。今でも遺族が墓参に来るらしい。

○サークル棟にある首切り地蔵　首から上の地蔵が何体かある。今では少なくなったが、数年前まで地蔵の頭だけが沢山転がっていたらしい。

○一〇一教室の開かずの扉　開けると悪いことが起こる。実際に十数年前に開けてしまった人は雷に撃たれ亡くなったという。現在はタイルが貼られて開かなくなっている。

○生協裏（弓道場横）にある弾薬庫　陸軍で実際に使用されていた。現在は生協の倉庫として使用されている。

○講義棟と図書館の間にある、切ってはいけない楓は何度も倒したり切ったりしようとしたが、結局そのままになっている。秋にはまるで血に染められたように、紅く色づく。

【伝説探訪】

平成十四年（二〇〇二）から吉備塚の発掘調査が奈良教育大学によって実施され、二基の木棺直葬を埋葬施設とする、六世紀初頭の古墳であることが確認された。発掘調査概報は奈良教育大学ホームページからも入手可能である（奈良教育大学 http://www.nara-edu.ac.jp/KK/kibizuka2006.pdf)。副葬品には、大刀（三累環頭大刀）・銅鏡（画文帯環状乳神獣鏡）・馬具・挂甲などがある。これらの副葬品からも、被葬者は極めて特殊な地位や役割の武人であったと考えられる。周辺に存在した古墳はほとんどが開発などによって消滅か著しく削平された。吉備塚古墳が保存されたのは、この地が明治以降に官有地であったことや、前述した伝承によって保護されたためである。

奈良市秋篠・山陵遺跡では、佐紀盾列古墳群から引き抜かれ、井戸枠もしくは水溜として転用された円筒埴輪が三基発見されている。これらは、埴輪が製作されてから百年以内に転用されており、百年もたてば古墳が本来の意味を失っていたことを物語っている。また、古墳そのものが造営されてから間もなく破壊されている場合もいくつか知られている。間もなくではなくとも、平城京や長岡京造営時には、古墳が破壊されていることはよく知られている。後の時代の開発に影響を及ぼす場合には、古墳は破壊されていったのである。東大寺からこの吉備塚に至る周辺では、古墳時代に墳墓が多く築かれていたが、平城京の造営に伴って、多くの古墳は破壊されたのであった。

発掘の終了した吉備塚

単に破壊されるだけでなく、古墳は再利用される場合もあった。生駒郡斑鳩町の仏塚古墳は斑鳩で唯一の方墳である。発掘調査で、六世紀後半の古墳築造当時の遺物に混じって、中世の仏具などが出土して話題になった。金銅仏。塑像破片、金銅幡、巻物、土師質の花瓶、瓦質の火舎、香炉、四〇〇点の灯明皿があったことから、中世には仏堂として長期にわたって礼拝の場であったと見られている。

古墳の名称も、古墳が破壊されるかどうかと深く関連している。「塚」の意味は、本来塚とは土を高く盛って築いた墓のことであるから、狐塚、蛇塚という名称は、狐や蛇を葬った墓であるという認識が古くからあったことになる。これと関連して、古墳にまつわる伝承が伝わっていることが多い。椀貸し伝承がその代表的なものであろう。御膳やお椀がない時は、塚へ行き「明日必要なのでお貸し下さい」と、塚にお願いすると次の日、塚の前に置いてあり、使うことが出来た。しかし、ある日借りた物を返す事を忘れた者がいたため、それ以降は貸してもらえなくなったというものである。このような伝承が古墳を破壊から免れさすことが、しばしばあったことは事実である。吉備塚も壊すと祟りがあるという伝承によって、他の古墳が破壊されたにも関わらず現在まで保護されてきたといえよう。

また、吉備塚は吉備真備の邸宅跡で、毎夜近くの晴明塚に通ったという伝承もある。その通い道に破石という石がある。破石については次のような伝説がある。

西大寺の東塔の心礎石をつくる時、酒三十余石をこの石にかけて割ったので破石といい町名もここから生まれたと言われているが、一説によるとこの石は藤原氏・吉備氏・阿部氏の境界を示す境界石であるともいう。石に線のあるのは境界で東南は藤原氏、南西は吉備氏、東北は阿部氏といわれている。町の人々はこの石に触れると祟りがあると称し、これに触れることをさけている。

吉備塚付近の北西の方向にある頭塔は、玄昉の首塚とされ、その東には、藤原広嗣を祭神とする鏡神社がある。鏡神社と吉備塚と頭塔、御霊信仰と陰陽道と関係する遺蹟が吉備塚付近に集中している。

奈良町には江戸時代、四箇陰陽師と称せられる陰陽師が、陰陽町、

吉備池（桜井市）

山上、幸町、梨子原に居住していた。吉備真備の子孫と称した陰陽師、幸徳井氏が吉備塚付近に居住していた。吉備真備は後世、陰陽の達人にまつりあげられ、真備を家祖とする陰陽師の系図が流布するようになった。幸徳井氏は火災によって一時期山上に移り、その場所が幸町であるともされる。山上はサンジョ（算所）を表したものではないかともされる。現在の幸町は吉備塚と道路一つを隔てた場所である。また、破石と吉備塚の中間に通称閼伽井町があるが、これは閼伽井庵があることによる。閼伽井庵は浄土宗の寺であるが、楠木正成が納めたとされる銅製の鎮宅霊符神があり、古くから算盤による算易が行なわれた。

また、吉備真備が勉学に励んでいる時に、蛙が騒がしく鳴くので、声を封じてしまった。だから、その川を「鳴かず川」と言う。下流の方では関係ないので「鳴る川」と言う。

しかし現在は、大学構内にあるということから、塚に関わる行事などはおこなわれておらず、観光地としてはほとんど認識されていないことは残念である。

（角南聡一郎）

伝説地情報

お土産

なっきよんグッズ（教育大学キャラクター）

Tシャツ　一三〇〇円　ロゴハンドタオル　八〇〇円

オリジナル「瓦せんべい」一二七枚入　一〇〇〇円、一八枚入　六八〇円

吉備塚へのアクセス

所在地

交通手段　近鉄奈良駅下車、奈良交通バスにて高畑町下車、東へ徒歩約5分。奈良教育大学構内。

そ現在まで西大寺が栄えていることがよくわかる。

（原田信之）

伝説地情報

行事

新春祈願会……一月一日
新春初釜大茶盛式……一月十五日
秘仏愛染明王坐像特別開扉……一月十五日～二月四日
初午厄除祈願会……三月最初の午の日
春の大茶盛式……四月第二土・日曜日
奥の院地蔵会式……七月二十三日
興正菩薩忌……八月二十五日
秋の大茶盛式……十月第二日曜日
秋の特別展……十月二十五日～十一月十五日
秘仏愛染明王像開扉
除夜会……十二月三十一日
観音護摩供……毎月十八日
弘法大師御影供……毎月二十一日
興正菩薩忌……毎月二十五日
不動護摩供……毎月二十八日

西大寺へのアクセス

所在地　奈良県奈良市西大寺芝町1－1－5
交通手段　近鉄「大和西大寺駅」南口から徒歩3分。

西大寺大茶盛式（奈良市観光協会提供）

やあなたは母上様！」観音様のお力で母子の再会が叶《かな》い、その後二人は幸せにくらした。そのときの大きな杉は「良弁杉」と呼ばれ、今でも二月堂の前にある。

（奈良市制一〇〇周年記念イベント「大紙芝居　二月堂・良弁杉」を要約）

【伝説探訪】

良弁杉は東大寺二月堂の前に立つ。意外にも小さいのは、大木だった先代が昭和三十六年（一九六一）の台風で倒れたからだ。

さて、良弁は奈良時代に実在した偉い坊様だ。朱鳥三年（六八九）、誕生。法相宗に入門し、若くして頭角を現す。やがて聖武《しょうむ》天皇に認められ、天平十八年（七四六）、東大寺創建事業に橘諸兄《たちばなのもろえ》（当時の大物政治家）、行基《ぎょうき》（良弁の同僚）らと尽力し、同寺の初代別当（最高責任者）に就任。一方で滋賀県大津市に石山寺を開いたり、仏教界を改革したりと大活躍。最高位まで昇りつめ、宝亀四年（七七三）没。

これほどの人なのに、なぜか出身がはっきりしない。そのため様々な伝説を生んだ。出身地としては石山寺の地元・大津市と神奈川県鎌倉市が有力だ。

古い記録では大江親通著『七大寺巡礼私記《しちだいじじゅんれいしき》』（平安時代）が近江国出身とする。鷲にさらわれたこと、母が流浪すること、淀で手がかりを得ること、東大寺で母子再会することなど、同書が記す主要モチーフは大紙芝居の「良弁のお話」とほぼ同じ。

別伝もある。東大寺の記録書『東大寺要録《とうだいじようろく》』（平安時代）は相模国出身とする。鷲にさらわれたこと、山城国多賀（京都府綴喜郡井手町）あたりで落とされ、里人に養育されたこと、父母が諸国をさすらったこと、東大寺で父母と涙の再会を果たしたことも記す。このように「良弁のお話」の基本型は、すでに平安時代には出来上がっていたようだ。ただし両書に「杉」は出てこない。

良弁伝説が、東大寺の周辺や同寺と縁の深い地域に残るのは当然である。ところが遠く離れた東京都や千葉県にも良弁伝説が残る。関東地方も良弁ゆかりの地なのだ。鷲のおかげで遠距離移動も可能だったとすれば、相模国鎌倉出

丹沢大山の良弁滝
滝口が龍頭になっている

身説もうそとはいいきれまい。それにしても赤ん坊を抱えて神奈川県から大長距離飛行！鷲もお疲れ様だ。

○中世の良弁伝　相模国の大山寺縁起絵巻

丹沢《たんざわ》山地の南端、相模平野から一気に立ち上がる大《おお》山《やま》は標高一二四六メートル。二等辺三角形の山容が美しい。古来、山岳修験の聖地として栄え、近世には大山参りが流行し、今も「大山さん」と親しまれる。名物は豆腐料理。良弁滝の脇にはつつましい開山堂（良弁堂）が建つ。付近には良弁橋や良弁坂もある。大山さんの中心が大山寺だ。本尊は不動尊。天平勝宝七年（七五五）、良弁の創建という。創建の経緯を描いた絵巻『大山寺縁起《おおやまでらえんぎ》』（平塚市博物館所蔵本）による良弁伝を見てみよう。

相模の国司・太郎大夫《たろうだいぶ》時忠《ときただ》は子どもに恵まれず、如意輪観音に祈って男児を授かる。ところがその子は生後まもなく金色の鷲にさらわれ、奈良の山奥、楠の梢に置き去りにされてしまう。しかし猿に助け降ろされ、覚明上人に養われる。成人後は聖武天皇に認められ、東大寺を建立する。一方、我が子を探して奥州までさすらった時忠夫妻は、紆余曲折を経て東大寺にたどり着く。南大門で良弁と感動的な再会を果たした後、三人は鎌倉「由井郷《ゆいのさと》」に帰郷し、荒れた館を再建する。

ある日、良弁は山頂から光を放つ神秘の山を知る。人々を伴ってその山に登ると不動明王が現れ、良弁以外は皆、気絶してしまう。良弁が祈ると人々は息を吹き返し、不動尊を祀る堂・大山寺を建てる。良弁は山を守る龍王とも対面し、参詣の人々のために流水を願う。龍はこれに応えて滝を与え、以後大山寺はおおいに栄えた。

構成自体は中世の寺社縁起によくあるパターンだが、身近な素材が積極的に取り込まれ、寺の宣伝や説教調も希薄だ。絵は素人っぽいがユーモラスな雰囲気があり、特に動物キャラクターの表現はかわいらしい。語り口も平易で、全体に親しみやすい。関東の良弁はこうした雰囲気の中に生きている。

鎌倉市では、良弁の父は染谷太郎大夫時忠だと伝わる。彼は藤原鎌足の玄孫で由比《ゆい》の長者と呼ばれ、聖武天皇の時代に関東八ケ国の総追捕使（総司令官）を勤めた。同市長谷《はせ》に館跡の石碑が建つ。また時忠が行方不明になった我が子の供養に建立した寺の後身だと伝えるのが、同市大町《おおまち》の辻薬師堂だ。寺は焼失と移転を繰り返し、この小さなお堂を残すだけとなった。住職を失った良弁ゆかりのお堂は、今、地域の人々によって守られている。

○近代の伝承「二月堂良弁杉由来」歌舞伎

良弁と良弁杉を一気に有名にしたのが歌舞伎「二月堂良弁杉由来」だ。元は浄瑠璃（文楽）で、明治二十年（一八八七）に大阪で初演されたときは別の作品の一部だったが、大正時代末頃から独立した歌舞伎として上演されるようになった。

細かい部分にちがいはあるが、ストーリーは冒頭の「良弁のお話」とほぼ同じ。良弁は光丸（幼名）、父は水無瀬右近、母は渚の方という名で登場する。渚の方が主人公であり、その悲劇が主題である。赤ん坊を大鷲にさらわれた彼女は、光丸を求めて各地をさすらい、あまりの嘆きと苦労の果てに狂気に陥ってしまう。若く美しかった彼女が落ちぶれ、自らを責め、幻を追ってさまよう姿は哀れだ。それでも気品は失わない。狂気の中の高貴が演じどころ見せどころと

鎌倉の辻薬師堂
背後はＪＲ横須賀線

いわれる。

この作品は『七大寺巡礼私記』系の伝承を受け継ぎ、さらに「杉」のこと、母子再会の決め手となったお守りのことなどのモチーフが加わった。現在「良弁のお話」として流布している民話・伝説は、どれもこの歌舞伎作品の影響を受けているようだ。

○現代の伝承『火の鳥4　鳳凰編』手塚治虫の漫画

現代の良弁伝として漫画作品を紹介したい。手塚治虫の大長編『火の鳥』シリーズの「鳳凰編」である。主人公は、我王《がおう》と茜丸《あかねまる》という二人の仏師だ。二人は、橘諸兄の命により東大寺の鬼瓦を競作し、それぞれに苦悩の中から真の芸術、あるいは真の自己表現を目指す。良弁は脇役で、我王の師として登場する。

生まれたその日に片目・片腕を失い、虐待と貧困の中で成長した我王は、恨みと憎しみを暴発させ、やみくもに人を殺《あや》めることでしか生きられない。その彼に良弁は彫刻の才能を見出し、憎悪の心を芸術表現として昇華させるよう導く。

良弁は、大仏建立の費用を募る諸国行脚の途上で我王と出会う。旅をしながら民の実状をつぶさに見、「国分寺が全国に立ちりっぱ《ママ》な大仏がつくられる／みんな政治のためだ」「お上が庶民に重い税を払わせてだまって従わせるために／仏教を広めてごまかしとるんじゃよ」という結論に至る。そして「わしはただ政治に使われた道具だったのだ」と断じ、そうした自己を精算するために奥州で即身成仏（一切の食物を絶ち、生きながらミイラになる行）を遂げるのである。

良弁の行脚と即身成仏はもちろん手塚の創作だが、なぜこのような最期を選ぶのかわかりにくい。また真の仏とは、救いとは何かについても、我王に自分で考えるよう指示するだけで、良弁自身の考えは示されない。という具合に、かなりあいまいな部分を含む人物像ではある。しかし、大仏建立という半生をかけた大事業を自ら否定するという役どころは注目してよい。大仏の欺瞞《ぎまん》を告発する役なら、民間での社会事業に生涯を捧げた行基が選ばれそうなものを、そうしないで良弁を選んだところが手塚の独創だ。やはり大仏建立事業の張本人に欺瞞を見抜かせ、告発させたかったのだろう。史実が示す良弁は国家の超エリート。その良弁に、手塚は新たな解釈の光を当てたのである。

（氏家千恵）

伝説地情報

東大寺二月堂へのアクセス
所在地　奈良県奈良市雑司町406－1
交通手段　奈良市内循環バス・大仏殿春日大社前下車

大山寺へのアクセス
所在地　神奈川県伊勢原市大山
交通手段　小田急伊勢原駅から神奈川中央交通バス「大山ケーブル駅」行き・終点下車、ケーブルカーに乗り換え・不動前駅下車

良弁滝へのアクセス
所在地　神奈川県伊勢原市大山
交通手段　小田急伊勢原駅から神奈川中央交通バス「大山ケーブル駅」行き・良弁滝下車

石碑「染谷太郎大夫時忠邸阯」へのアクセス
所在地　神奈川県鎌倉市長谷2丁目4付近
交通手段　江ノ島電鉄由比ヶ浜駅下車、海岸通りを鎌倉文学館方向へ進む・交差点「文学館入口」手前

辻薬師堂へのアクセス
所在地　神奈川県鎌倉市大町2丁目4
交通手段　JR鎌倉駅から京浜急行バス「緑ケ丘入口・新逗子駅」行き・大町四角下車、JR線方向へ進む・踏切脇

三月堂と蜂の宮　奈良市雑司町

三月堂の北側、厨子の中にまつっている執金剛神は、一名、蜂の宮と呼ばれている。

天慶の乱（平将門の乱）に、この像の前で朝敵降伏の法を行っていたところ、像の右鋖《かざり》が大蜂となり、また、像からたくさんの蜂が出て、東へ飛んでいった。ちょうどその時、戦場では大蜂があらわれ、平将門をさし殺したとも、多数の蜂があらわれて将門を苦しめたともいう。これからこの像は、一名、蜂の宮とも呼ばれている。

この像については、天慶の乱に朝敵降伏の法の行われている時、この像が姿を消し、二十日あまりしてまたもとのところへ帰ってきたともいう。

（『大和の伝説』）

【伝説探訪】

東大寺・三月堂（法華堂）の執金剛神像は、『日本霊異記』などによれば、東大寺の前進となる金鷲寺（金鐘寺とも）で修行をしていた金鷲優婆塞（後の良弁）が礼拝していたものとされ、現在では秘仏（国宝）として年に一度の特別開扉の際にのみ拝むことができる。執金剛神と聞くと耳慣れない神のようだが、一般には「仁王」

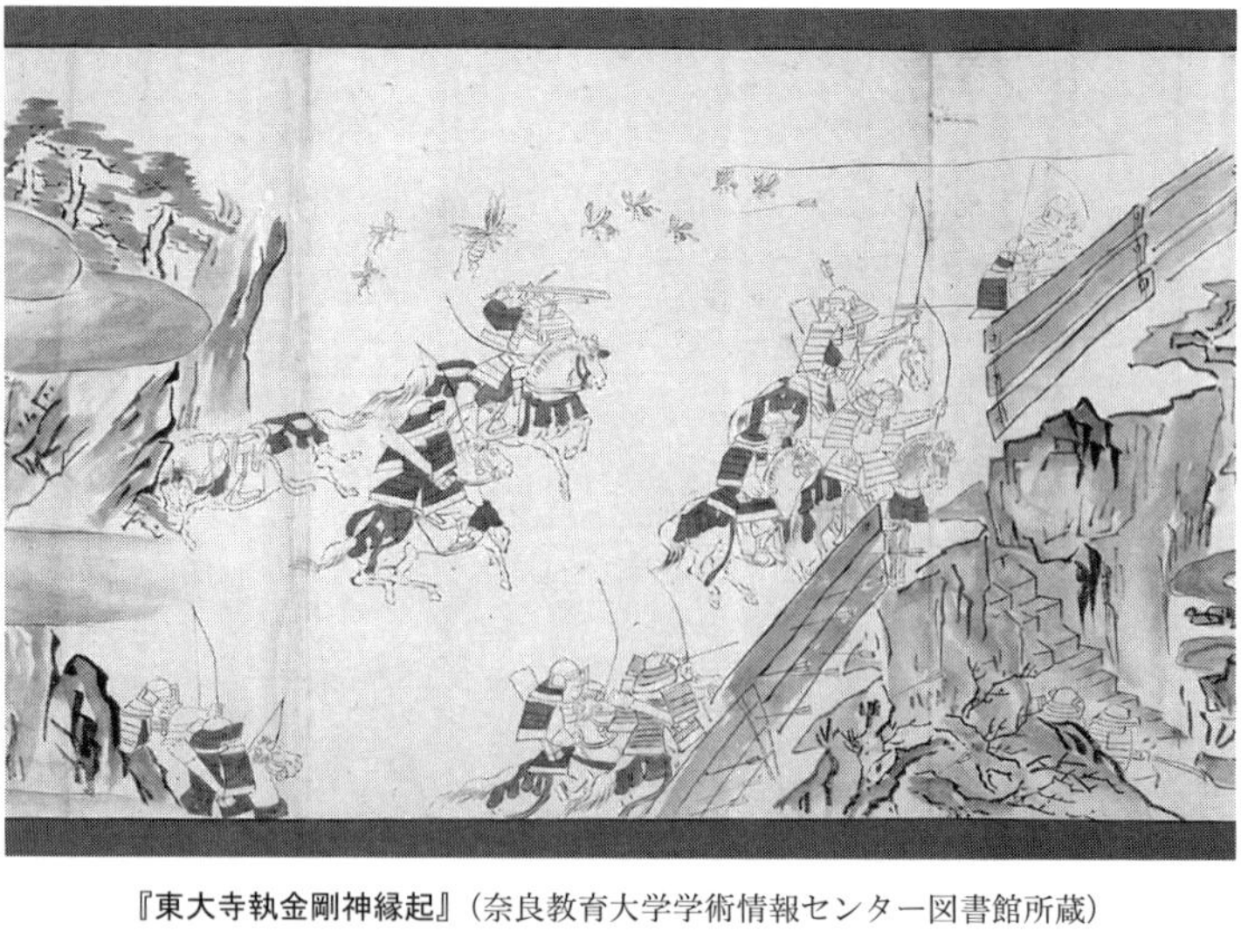

『東大寺執金剛神縁起』（奈良教育大学学術情報センター図書館所蔵）

として知られている仏教の守護神で、手に武器（金剛《ヴァジュラ》）を持っていることからその名で呼ばれている。『将門記』などによれば、平将門の乱の際、朝廷が東大寺をはじめとする寺社に朝敵調伏の依頼をしたこと、そして将門が「神鏑」によって討死をしたことなどが伝えられているが、この伝説では、三月堂の執金剛神が蜂となって将門征伐に活躍した、ということになっている。

この伝説の比較的古いものとしては、『七大寺日記』があげられる。これは大江親通が一一〇六年秋に奈良の七大寺を巡礼したときの記録とされているが、そこには「平将門の合戦の際、執金剛神の髻《もとどり》を結ぶ元結の左の部分が将門に切られたので、現在もない。しかし、最後には将門を調伏した、最も奇特な像である」という伝説が書き残されている。ここには蜂になったということは書かれていないが、同じ著者が三十四年後に再び奈良を訪れて書いたとされる『七大寺巡礼私記』には「将門が謀反を起こしたとき、公家の祈祷によって執金剛神は蜂に変化し調伏しに飛んで行った。その際、将門に剣で片翼を切り落とされたが、それは髻《もとどり》を結ぶ元結の左の部分であった。将門を調伏した後も、この霊験を伝えるために修理しないのである」という「口伝」が書き記されている。

室町時代の成立とされる絵巻物『東大寺執金剛神縁起』は、このシーンが描かれている貴重な資料であるが、ここでも「執金剛神像の前で七大寺の諸僧が祈祷した」「王城鎮護のために北面している」などの要素が付加されてはいるが、基本的な枠組みは変わらない。

ところで、この伝説のおもしろいところは、類似した伝説、関連した伝説が全国各地に見られることである。たとえば熊本県阿蘇市湯浦《ゆのうら》にある湯浦八幡宮には、「平将門の乱の際、数千とも知れぬ男蜂の大群がここから飛び立って将門軍を襲い、大乱も平定されたと言われ、ここから別名男蜂神社と呼ばれている」という伝承が残されている。

また岩手県の紫波町には、平将門ではないが、「蜂の宮」についての次のような伝説がある。かつて源頼義が陸奥国の有力な豪族安倍氏を滅ぼした前九年の役（陸奥十二年合戦、一〇五一～一〇六二年）という戦があった。源頼義軍は厨川の戦いで安倍貞任の軍に手こずっていたが、ひとりの兵士が厨川の柵（城）の周辺の藪にたくさんの蜂の巣があることに気づき、それを使って敵を混乱させることを思いついた。蜂を充分に怒らせてから安倍軍に向かって放つと、

手向山八幡宮

安倍軍は陣を乱し、源軍は勝利した。源頼義は、蜂へのお礼のしるしとして、陣が岡の八幡宮を「蜂の宮」という名前に変えた（『岩手県の民話』）。平将門も安倍氏も、東国で独立しようとしたものの鎮圧された、という点では共通する。

平将門との関連で言えば、茨城県久慈郡水府村町田地区には次のような話が残されている。平将門の乱で敗れた武将の姫が奥州に逃げる途中で死んでしまい、七人の家来もそこで切腹した。親鸞上人はそれを哀れに思い、そこに菩提樹を植えた。ある人が菩提樹から蜂の巣をとったら、菩提樹のある家の妹がひきつけをおこした。行者にお祓いしてもらったら治ったという（『町田の民俗』）。この話は「ぼだい樹のたたり」という名前で知られているようであるが、「蜂の宮」の伝説を踏まえれば、平将門の一族の怨霊を現在でも蜂が見張っている、という話にもとれる。

平将門や蜂の宮とは関係がないが、戦争の際、神仏に祈ったところ蜂が援軍となったという話は、このほかにも各地にみられる。鎌倉時代の説話集である『十訓抄』に次のような説話がのっている。大和国の三輪市の城に住んでいた余吾大夫が、妻の敵に攻められ、長谷山の奥にある笠置寺（京都府相楽郡の笠置寺とは別の寺）に逃げ込んだ。そこには、蜘蛛の網にかかって殺されかけていた蜂がいたが、余吾大夫がそれを助けたところ、夢にその蜂が現れて、恩返しをしたいという。大きな蜂の大群によって敵を打ち破ることができ、もとの城に戻った余吾大夫は、供養のために蜂の堂を立てたという。

また時代は下がるが、江戸時代の随筆『斉諧俗談』に、次のような伝説が記されている。南北朝の時代、細川右馬《うまの》頭《かみ》（頼之）が同左馬頭と合戦をして敗れた際、讃岐国高松の石清水八幡宮のあたりに逃げてきた。そこが八幡宮と知った右馬頭が祈願したところ、翌日の戦いの時に、空から袋のようなものが降ってきた。その中から数万匹の蜂が出て、左馬頭の兵をことごとく刺し、右馬頭は大勝利を収めた。右馬頭は八幡宮に賽礼・奉幣を厳重に行い、毎年四月三日には右馬頭の市が立つようになった。この石清水八幡宮は現在、石清尾《いわせお》八幡宮と呼ばれ、境外には蜂穴《はいあな》神社という末社が存在する。右の二つの話に出てくる「蜂の堂」「蜂穴神社」は「蜂の宮」との関連を連想させる。

加えて、右にいくつか紹介した例には八幡宮が多く登場する。東大寺と八幡神との関連は深く、東大寺の建立にあたっては守護神として宇佐八幡宮が上京しており（『続日本紀』）、現在も手向山八幡宮として、三月堂の南に鎮座している。国宝の僧形八幡神坐像は、明治時代の神仏分離によって現在は東大寺内の勧進所八幡殿にあるが、元々は八幡宮の御神体である。東大寺との縁が深く『夢記』で知られている明恵上人も、八幡神の化身である蜂の夢を見ている。鎌倉の鶴岡八幡宮の例を出すまでもなく、八幡神は武家の信仰を集めてきた。「蜂の宮」の伝説も、武家の全国進出とともに、奈良から全国に広がっていったのではないかと推測される。

（師　茂樹）

伝説地情報

入堂料

個人・大人五〇〇円（詳細は東大寺に確認されたい）

三月堂は建物が国宝で、仏像も本尊の不空羂索観音立像をはじめ国宝が十二体と、国宝が多数ある。

秘仏・執金剛神立像（国宝）の特別開扉は毎年十二月十六日。この日は、開山堂の秘仏・良弁僧正坐像（国宝）や俊乗堂の秘仏・俊乗上人坐像（国宝）も特別開扉される。

三月堂へのアクセス

所在地　奈良市雑司町406—1

交通手段　東大寺大仏殿を東へ5分ほど。

東大寺戒壇院と空海　奈良市雑司町

東大寺戒壇院のすぐ北に空海寺という寺がある。江戸時代は穴地蔵と呼ばれていた。一説には文地蔵とも呼ぶそうだ。かつては、東大寺の一院であったと伝えられている。ところでこの寺を空海寺というそのいわれは、次のようである。むかし弘法大師が、東大寺で学問をなさっていたころ、比叡山の伝教大師最澄の依頼で、戒壇院の土を盗んでくるように言われた。空海は、それに従いこっそりと戒壇院の土を持ちだす。だが盗み出した直後にお寺のお坊さんたちに見つかってしまった。追われた空海は、仕方なく現在お寺の建てられているところにあった洞穴へ逃げ込み、しばらくそこに隠れ住んでいた。そのつれづれのままに不動明王を刻んだという。

【伝説探訪】

この伝説は、延宝六年（一六七八）に成った『奈良名所八重桜』巻二に載せられるものである。ほかに『大和志料』上巻にも同書を引きつつ掲載されているが、今のところ他にこの話を記す文献を見つけることができない。それ故にあまり流布していた話とは言えないようである。いったい最澄が空海

空海寺

に依頼して東大寺戒壇院の土を盗ませるなどというのは、誰が聞いても奇異な感じはまぬがれまい。諸書に引かれていないその理由の一つには、そうした事情も影響を与えていたのかもしれない。だが、この話、歴史的には荒唐無稽であっても、伝説としての正統性はしっかりと有している。以下そのことを幾つかの要素から明らかにしてみよう。

空海寺の歴史は明らかではないが、右の伝説から開山は弘法大師と伝えられている。中世期には荒廃したようだ。享保十九年（一七三四）に本堂などが再興された。江戸時代は東大寺惣持院の支配下にあった。東大寺の各院の墓地としての機能も担ってもいたようで、裏山の墓地に通じる階段の脇には室町時代の石仏などが多く残されている。

一方、戒壇院は、戒律を授けるための施設であって、僧侶にとっては最も重要な施設である。わが国の戒壇の歴史は、天平勝宝六年（七五四）中国から招聘された鑑真が、東大寺大仏殿の前に臨時の壇を設けて聖武天皇以下に受戒したときに始まる。その後、大仏殿の西に常設の戒壇として築造されたのが、現在の戒壇院の濫觴である。

空海と東大寺の関係は、一般にはあまり知られていない。空海と言えば、高野山がまずは想い浮かぶ。だが東大寺との関係は歴史的な事実としてよい。弘仁十三年（八二二）三月十一日の太政官符に、空海をして息災増益の法を修さしめ国家を鎮護させる為の道場として東大寺に真言院（南院）を建立した、とはっきりと記されている。ただ、一部で言われているように東大寺の別当になったというのは、現在の学界では否定的な意見が多いようである。

実は、弘仁十三年前後の時期、比叡山の最澄は、東大寺や興福寺などの南都諸寺と大乗戒壇の設立をめぐって対立関係にあった。その当時は、正式な僧侶となるためには二五〇もの戒律を保たなければならなかったが、最澄は、それを棄てて五八の戒でよいとしたのである。そして新たに大乗戒壇設立の必要性を説いたのであった。これは当時の仏教界からすれば革命であり、それ故に当然南都諸寺を代表とする伝統的な仏教界からの猛反発を誘うことになった。大乗戒壇設立の勅許が下りない当時の状況からすれば、比叡山で修行した僧もやはり東大寺で受戒せねばならず、天台宗一宗の独立は不完全な状態のままにおかれていたのである。それゆえ大乗戒壇の設立は最澄の悲願であった。彼の生前にはついにそれが実現することはなかったが、右の伝説は、こうした歴史を背後にふまえていることは明らかであろう。

東大寺戒壇院

ところで、盗みの対象となった「戒壇院の土」にはどのような意味があるのだろうか。実は、戒壇建立において「土」は、法燈伝承の象徴物としての機能を有していた。

『東大寺要録』巻四には、鑑真が大仏殿の前に設けた臨時の戒壇に、天竺祇園精舎の土が使われたとある。後の『奈良名所八重桜』では中天竺那蘭陀寺、『大和志料』には中国五台山の土などと諸文献により様々に記すが、いずれも「土」に言及しており、それが重要な要素であったことを示す。その後大仏殿の西に建立された常設の戒壇院も、その戒壇築造にあたってはやはり聖武天皇受戒壇の土が移されたと『東大寺要録』は記している。この場合使用される「土」は、インドもしくは中国などの聖地におけるそれであり、伝えられようとする仏教が三国伝来の正統なものであることを象徴する「モノ」であった。

さて、この伝説でもっとも衝撃的な「空海の盗み」について考えてみよう。誰しもがこの点に大きな違和感を抱くに違いない。だが、神話や伝説の世界では「空海の盗み」はよく見られる話であった。

高岡郡黒岩村では麦がとれると戊の日を選んで、南天の木か柿の枝に一把つるし、また床の間にも一把そなえるが、これは弘法大師が天竺から麦の穂を足のうらを切って一粒ぬいこんで帰ろうとすると犬に見つけられて吠えられた。それを役人が気づいて大師を捕えて調べたが何事もなくて大師は帰ることが出来た。ところがその犬はその場で役人に殺されてしまったので犬の供養のために戊の日に麦をそなえるのだという。

（斉藤昭俊『弘法大師伝説集』巻二）

実は、この種の話は全国で四十話ほどが確認されており、おおむね次のような展開を持っている。①弘法大師が中国に留学し、そこで当時日本にはまだ知られていなかった穀物たる麦を畑に見た。②大師は、日本にもち帰るために、ひそかに麦の種子を盗んだ。③彼は足に傷をつけ、種子をそこに隠した。④畑の持主の一匹の犬がこの盗みを発見して、激しく吠えた。⑤畑の持主は盗みに気づかず、坊さんに失礼なことをしたというので、犬を殴り殺した。⑥大師は、隠した麦種子をもって日本に帰り、麦作が日本で始めて開始された。⑦大師は罪もなく殺された犬に同情した。だから今日でも麦の種子は戊の日に播かれるのである。

これは明らかに麦作の始まりを伝える話であり、その意味で穀物起源神話としての性格を有している。この場合の「空海の盗み」は文化移入の為のものと言ってよいであろう。むろんここに出る空海は、歴史的に実在の空海とは別で、神話世界の空海である。

比叡山に新しく大乗戒壇を設立するために「土」を盗むという空海寺にまつわる伝説が、右の麦盗みの神話と響き合うものを持っているのはもうあらためて言うまでもあるまい。

戒壇院の土をめぐる空海寺の伝説は、こうした神話的な空海譚からの影響を受けつつ、それが大乗戒壇設立という歴史的事実と交洛することによって成立したものであったといえるようである。いわば神話的空海の仏教伝承とでも言うべきものだったのである。

（橋本章彦）

伝説地情報

●みどころ

戒壇堂は享保十七年（一七三二）の建立である。堂内に築かれている戒壇は、三段となっているが、それは三聚浄戒という戒律に基づくものである。最上段には、多宝塔および四天王が安置されている。このうち多宝塔内には、鑑真が唐から持参したとされる釈迦如来と多宝仏が安置されていた。また四隅に立つ四天王は、東大寺中門堂から移されたという平安時代の傑作である。

●戒壇院へのアクセス

交通手段　近鉄奈良駅から北東へ徒歩15分

●空海寺へのアクセス

交通手段　近鉄奈良駅からバス2番乗り場より青山住宅行きバス乗車、手貝町下車東へ徒歩10分

景清と東大寺の手貝門

奈良市手貝町

平安時代末の源平争乱が終結した後でも、最後まで源氏方に抵抗し続けた武将がいる。平景清である。その抵抗の様子はすさまじく、悪七兵衛景清と源氏方から呼ばれ、恐れられたほどである。この景清は、平家の南都焼き討ちの際に焼き払われた東大寺大仏殿再建の落慶法要のために上洛した鎌倉幕府の初代将軍源頼朝を暗殺し、平家一門の恨みを晴らそうと東大寺の西北にある転害門（手貝門）で待ち伏せて、その機会を窺っていた。ある時、いつものように大仏のお供え物の飯を盗んで食って潜んでいると、源氏方の武将に見つかり、捕らえられて頼朝暗殺計画は失敗に終わってしまった。そして、その源氏方の武将や新薬師寺の東の隠れ家に住む母に、平家の恨みを晴らすことの無意味さや世の無常を諭されて頼朝暗殺を諦め大いに改心した。そこで、母には自分の身代わりとして地蔵を作って手渡し、「この眼があれば、また頼朝を討ちたくなるかもしれぬ。」と言って、両眼をくり抜き井戸に棄てて出家した。

景清門（東大寺・転害門）

景清地蔵尊（天平の古刹　新薬師寺　公式ホームページ「仏像・工芸品　景清地蔵尊」より転載）
（http://www.k5.dion.ne.jp/~shinyaku/butsuzou.html）

【伝説探訪】

景清門――奈良市手貝町

景清が頼朝暗殺の機会を窺って待ち受けていた門を、奈良の人々は親しみを込めて景清門と呼んでいる。この門は正式には転害門（手貝門・手掻門）という。東大寺西北の大門で、ちょうど奈良県庁前の交差点を奈良坂方面に北進したところにあり、この門をくぐって進むと正倉院にたどり着く。

この門を転害門というのは、『今昔物語集』などにも説明されているように、昔、聖武天皇の時代に、大仏ができあがり、その開眼供養の導師として菩提僧正が天竺から招待された。その菩提僧正が奈良の町に到着した際に、日本側の接待係であった行基がこの門で待ち受けて、早く早くと門の内側から手招きをした。その恰好がちょうど手で物を掻くようであったことから、テガキ門といったのが転じてテガイ門になったという。

転害門を景清門と呼ぶようになった経緯については、『大和名所図会』巻之二に、次のように書かれている。

> 輾磑門は東大寺西北の惣門をいふ。俗に景清門ともいふ。『東鑑』に曰く、建久六年三月大仏供養の日、悪七兵衛景清この門に隠れ、将軍頼朝公を窺ふ。秩父重忠かれが異相を察し景清を捕へしむ。これ俗説妄談なり。景清は建久六年三月、鎌倉土牢において死す。供養の日、衆徒、梶原景時と互ひに狼藉の詞を発す。将軍の厳命により、小山朝光口弁を以て衆徒を恥しめ静謐をなさしむ。和田義盛・梶原景時武者所にして随兵を率ゐ門々をかたむ。俗景時を誤って景清と称しけり。

この記事によれば、景清は大仏供養の際には既に死去しており、梶原景時が東大寺の僧兵たちと口論になったことから、景時と景清を誤って伝えているということになる。しかし、そうとだけ言い切ることができるであろうか。

転害門は国宝にも指定されているが、東大寺の西大門でありながら、観光客で賑わう東大寺の境内からは少し離れている。近くには「正倉院」などがあるが、この辺りは観光客も多くなく、静かで佐保路や奈良坂に通じる古い町並みが残り、生活の匂いも漂っている。現在では、景清ではなくネコや鹿がこの門をねぐらにしている。

門の歴史は古く、東大寺が平重衡の兵火（一一八〇年）、三好・松永の戦い（一五六七年）の二回の大火にさらされたが、それらの被害も受けず焼け残った東大寺内で数少ない建造物の一つである。鎌倉時代に修理されてはいるが、天平時代の東大寺の伽藍建築を想像させる唯一の遺構といってもよい。

景清地蔵――奈良市新薬師寺

景清が自分の身代わりに母に託した地蔵が新薬師寺に景清地蔵として残っている。景清の等身の木像で、錫杖の代わりに弓を持っている。この木像は明治十年ごろに、六円で売られていたのを、新薬師寺前の奥殿卯吉という人が買い戻して、新薬師寺に寄付したという後日譚も伝わる。

この景清地蔵については、『南都名所集』巻第六「新薬師寺」には次のようにある。

　不空院の観音にまゐり、勝願院の辻子にいたりて、彼の景清が母の持仏ををがむ。この地蔵の錫杖は景清所持の弓杖なり。これは景清がかたちを地蔵につくりて、母の朝夕この像にむかって後世をねがひけるとなり。さるゆゑに、地蔵を盲目につくりなせり。母の自作にてありけるとかや。この辻子を景清の辻子ともいふなり。「影清し勝願院の庭の月」

これが景清地蔵の由縁である。元は聖願院という寺にあったものが、新薬師寺に移されたようで、その移された経緯自身も既に伝説化している。

景清眼潰しの井戸——奈良市福井町

景清が、頼朝暗殺を幾度狙っても失敗したため、暗殺を断念した際に、「この眼があるから討ちたくなるのだ。」といって、両方の眼をくり抜き、棄てた井戸が福井町にあったようである。これが「景清目潰しの井戸」である。現在はその井戸の存在を確認することはできないが、奈良市高畑町・新薬師寺一帯の旧・勝願院町や旧福井町には景清伝説が残っている。これらは、「景清が目を潰した」という伝説に関わるものである。この伝説の背後には、謡曲や幸若舞曲の景清物の影響があり、そこからこの地に伝説が土着したと考えてよい。それほどまでに景清はこの南都の地に馴染んだ人物として語られているのである。このような伝説は、『南都名所集』、『大和名所図会』、『奈良名所八重桜』といった江戸中期から後期成立の通俗的な地誌・ガイドブックに既に記載されており、今から二〇〇年以上前にはこれらの伝説が人々に知れ渡っていたと言える。また、伝説の成立はそれを遡る、室町後期から江戸前期と一応は考えられる。

景清の辻（聖願院の辻）

古典のなかの景清伝説

景清と言われている人物は、『平家物語』に上総の悪七兵衛景清として登場する。謡曲の「景清」「大仏供養」（「奈良詣」）や、幸若舞曲の「景清」などにも、主人公として登場する。

『平家物語』は諸本が多い文学作品であるが、覚一本の巻七「北国下向」には侍大将の一人として、巻十一「弓流し」では三穂屋十郎のしころを引きちぎった怪力男（「しころ引き」）として景清は描かれる。また、景清は、巻十一

「内侍所都入」では壇ノ浦の平家軍敗北の際に逃亡したとされ、『平家物語』の語り本が命名したように「逃げ上手」ぶりが描かれている。その後の行動としては、巻十一「六代被斬」には、平家の残党の叛乱に参加した後、行方知れずになる。このように景清には英雄的要素がないため、『平家物語』では主人公にはなりにくい人物として扱われる。ただ行方知れずで終わる点からは、『平家物語』の形成に景清が関与したという説も存在する。さらに、『延慶本平家物語』における景清の最期は、大仏供養の七日前から断食して、大仏供養のある日に自害したと記しているが、ここにも景清の英雄性はみられない。同じく、『長門本平家物語』巻二十では、平家残党の後日譚として、景清は清水観音信仰によって命が助かった「生き上手」ぶりが記されるが、ついには大仏供養の日に干死することになる。以上のように、『平家物語』では、景清の活躍は少ない。しかし、『平家物語』の中で他の平家の残党がおこした事件が、後々には景清がやったこととして集約され、景清伝説が生まれていったと考えられる。

謡曲に見られる景清伝説は「景清」「大仏供養」に取り入れられるが、特に、謡曲「景清」や幸若舞曲「景清」では、話が名古屋の熱田という地名に因むこと、景清が盲目の身であること、日向の宮崎が舞台であることという三つのキーワードでつながっている。名古屋の熱田には今も景清社があり、熱田神宮には名刀の痣丸が納められている。また、宮崎には景清廟や生目神社などの遺跡が残っており、もともと地神盲僧系の人々が景清伝説を伝えていたとされている。さらに、九州一帯には地神経を読む盲僧集団がおり、日向では薩摩の常楽院流の支配を受けていた。ここに、景清伝説の伝承者(集団)の問題がある。

このように、景清伝説は初めから一定したものではなく、様々に流伝変容したと思われる。流伝変容の経過として、景清が手掻門で頼朝を暗殺しようとした伝説が生まれ、手掻門を別名景清門と呼ぶようになったのであろう。

また、芸能には「景清物」というジャンルがある。謡曲「景清」や幸若舞曲「景清」、古浄瑠璃「景清」、近松浄瑠璃「出世景清」、さらに国の重要無形民俗文化財として奈良市都祁の八柱《やばしら》神社に伝わる題目立「大仏供養」などである。題目立は室町時代からすでに行われていたとされる民俗芸能であり、毎年十月十二日に奈良市都祁上深川町の八柱神社で十七歳の男子を中心に奉納される。音楽も所作も伴わず、独特の節回しで語られる素朴なもので、語りものが舞台化した初期の形を伝えている点が貴重であり、能の源流を伝えるとされる。「厳島」「大仏供養」「石橋山」と源平合戦を題材にした三曲の台本が現在でも遺されており、景清に関係するのは「大仏供養」である。

（西川学）

伝説地情報

［手貝門］

- 行事
　毎年十月十五日、手向山八幡宮の祭礼の時に神輿遷座の門となって祭礼が始まる「転害会」
- 入場料　見学自由
- 手貝門へのアクセス
　所在地　奈良市手貝町51
　交通手段　ＪＲ・近鉄奈良駅より徒歩20分、柳生行きバスで手貝町下車すぐ
　駐車場　なし　問合せ　０７４２－２２－５５１１（東大寺）

［新薬師寺］

- 入場料　大人　六〇〇円
- 拝観時間　九時～十七時（年中無休）
- 景清地蔵（おたま地蔵）尊　秘仏・希望により特別開扉
- 新薬師寺へのアクセス
　所在地　奈良市高畑福井町１３５２
　交通手段　ＪＲ・近鉄奈良駅より徒歩35分、市内循環バス破石町（新薬師寺道口）下車徒歩15分
　駐車場　数台程度　問合せ　０７４２－２２－３７３６（新薬師寺）

春日の六道　奈良市春日野町

春日大社境内にかつて六道《ろくどう》と称される場所があった。春日大明神の霊験《れいげん》を伝える『春日権現験記絵《かすがごんげんげんきえ》』巻六第三段には、この六道の地に関連した説話が収録されている。それは次のような内容である。

六道の地に般若心経《はんにゃしんぎょう》の経巻をくわえた一匹の蛇が現れた。それをみつけた少年たちは石を投げつけ、棒でつつくなどしてこの蛇を追い払った。すると、たちまち大将格の少年が重い病にかかってしまった。巫女や修験者にみてもらったところ、神懸《かみがかり》による春日大明神のお告げがあった。その内容とは、「畜生道《ちくしょうどう》に堕《お》ちてしまった者を救済しようと心経を与えたというのに、これを打ち払うとは許し難い。しかし、大般若経《だいはんにゃきょう》の一部を読むなら許してやろう」というものだった。

神託の通りにすると、まもなく少年の病は快癒した。

【伝説探訪】

この説話の中で注目すべきは、仏教でいう六道のひとつである畜生道に堕ちた者を春日の神が救済するということ、また、

『春日権現験記絵』（六道で蛇を追い払う少年たち）
（『続日本絵巻大成』14巻　春日権現験記絵上42－43頁　中央公論社より転載）

春日大社参道（かつて六道と称された場所付近）

その救済の場所が六道と呼ばれていることである。

仏教経典にいう六道とは、地獄道・餓鬼《がき》道・畜生道・修羅《しゅら》道・人間《にんげん》道・天道の六つの世界をさしている。その六道を往来して迷える衆生《しゅじょう》（生きとし生けるもの）を救ってくれるのは地蔵菩薩であると一般に信じられている。ところがこの説話では衆生救済の役目を春日大明神が担っているのである。

しかし、それは不思議なことではない。平安時代から神仏分離という宗教政策が行われる明治初年まで、春日大明神と地蔵菩薩は一体であると考えられていたのである（正確には春日社第三殿に祀られている天児《あめのこ》屋根命《やねのみこと》の本地仏《ほんじぶつ》が地蔵菩薩とされていた）。それは日本の神が仏や菩薩の仮の姿であると説く本地垂迹《ほんじすいじゃく》説に基づいた考え方である。

この考え方を踏まえて春日の六道がもつ歴史的意義を追求していくと、後に述べる春日浄土という観念や春日野地獄といった伝承に導かれる。これらを通して冒頭の説話に秘められた春日信仰の奥深さを再確認したい。

まずは六道の位置を確認しておきたい。春日社境内を描いた江戸時代中期以降の絵地図をみてみると、一の鳥居からまっすぐ参道を進んだ先で道がいくつかに分岐する場所がある。この辺りが六道である。現在の場所に照らし合わせると、『万葉集』に詠われた植物を約三〇〇種類栽培している神苑《しんえん》や万葉粥で有名な荷《にない》茶屋の付近にあたる。また、この場所は表参道と内侍《ないし》道跡が交わる辻となっているが、かつては六つの道が交差する場所であった。そのことから近年までロクドウまたはムツノミチと呼ばれていたそうである。

春日社に関係する諸史料をみていくと、六道は鹿道と表記される場合もあるが、六道としての初見は管見の限り

『中右記《ちゅうゆうき》』天永二年（一一一一）二月二日条である。冒頭の説話を収録している『春日権現験記絵』が春日社へ奉納されるのは延慶二年（一三〇九）であるが、それよりおよそ二百年前には既に六道の地名が認められていたことがわかる。

興福寺の僧侶の日記『大乗院寺社雑事記《だいじょういんじしゃぞうじき》』や『多聞院《たもんいん》日記』、または春日社家《しゃけ》の日記など中世以降の記録をみていくと、六道および六道橋の記載が散見されるようになる。ちなみに六道橋とは現在の馬止橋にあたるとされる。

春日の六道について考える場合、奈良国立博物館が所蔵している「春日千体地蔵図」（鎌倉時代成立）が参考になる。本図は春日の地に六道の世界を描写している点で注目される。画面下端の中央に地獄道、その向って右に餓鬼道、左に畜生道、画面中央の左端に春日五社と邸宅を描いて人間道とし、画面上端の右に修羅道、その左に天道を描いている。そして、これら六つの世界に九九七体の地蔵菩薩を分散配置して描いている。この図によって春日の地における六道と地蔵信仰の深いつながりを知ることができる。

また、春日大明神と地蔵菩薩の関係がよく示されているのは、長谷寺の塔頭《たっちゅう》能満院が所蔵している「春日浄土曼荼羅《まんだら》」（鎌倉時代成立）である。本図は画面上方に浄土を描き、下方に春日社を描いている。そして、画面中央の左端には春日社第三殿より立ち昇る白雲に乗った地蔵菩薩とひとりの僧侶を描いている。第三殿に祀られている神の別の姿が地蔵菩薩であることは先ほど述べた通りである。つまり、本図は地蔵菩薩（春日大明神）が僧侶を連れて春日浄土へ向かう有様を描いているのである。

ところで、このように描写された春日浄土とはどのような場所にあ

地獄谷石窟仏

首切り地蔵

るのだろうか。これに関して、明恵《みょうえ》上人《しょうにん》の弟子である喜海《きかい》が記した『明恵上人神現伝記』(貞永年間成立)には次のような記載がある。

六道の橋から空を見上げたら、七、八艘《そう》の宝船が春日社殿のほうへ飛んで行くのが見えた。先頭の船には明恵上人が乗っており、同席する人々と共に六道を越えていかれた

この記事は喜海がみた夢の内容であるが、春日の六道と仏教が説く六道が象徴的に結びつけられていることが行間に読みとれる。そして、六道を越えて向かう先といえば浄土であろう。つまり、宝船が春日社殿に向かうということは社殿が浄土として意識されていることを暗示しているのである。また、栄海編『真言伝』巻七には春日社殿を浄土とする表現があり、『大乗院寺社雑事記』明応《めいおう》二年(一四九三)十月二十七日条には春日山を浄土とする表現がある。

山中や社殿に浄土があるとする観念は平安時代から鎌倉時代以降に展開される。春日における社頭浄土観の隆盛に伴って六道も重要な位置づけがなされるようになり、霊験説話などに効果的に用いられるようになるのである。この他にも、興福寺多聞院の英俊《えいしゅん》が記した『多聞院日記』元亀《げんき》二年(一五七一)七月八日条には次のような記録がある。

昨夜の夢の中で、春日社に参ずる人を私は六道まで見送った。そして、春日社の地蔵菩薩は六道を自由に往来するものであるという御託宣を受けた

このように、英俊の夢語においても春日の六道と仏教が説く六道が結びついていることがわかる。そして、この結びつきの接点を辿っていくと春日における地獄伝承に導かれるのである。

『春日権現験記絵』巻十六第四段には、魔道に堕ちてしまった璋円《しょうえん》という僧侶が登場する。彼はある女性に憑依《ひょうい》し、その女性の口を通して春日野の地下に地獄があることを語る。それによると、生前に春日大明神を信仰した者のもとには毎朝地蔵菩薩がやって来て水を注いでくれるという。この水を口に受けた者は地獄の苦しみが和らぐのだという。

春日野の地下にあるという地獄は謡曲「野守《のもり》」（室町時代成立）にも示されている。それは次のような内容である。

　諸国を旅する山伏が大和国春日野で由緒のありそうな沼を見つけた。春日野を管理する野守の老人にいわれを尋ねたところ、これは野守の鏡と呼ばれる水鏡であり、かつてこの地に棲《す》む鬼神が持っていた鏡に由来するという。語り終えた老人は野にある塚へと消えてしまうが、やがてその塚から鬼神が現れ、春日野の大地を鏡で照らした。するとそこには地獄の風景が映し出された。そして、鬼神は大地を踏みならして地獄へと入って行った

以上のような春日野地獄伝承の素地には、この場所がかつて葬送地であったことが関係しているのではなかろうか。これまでの発掘調査によって春日野には三十基におよぶ古墳が確認されている。これらは春日山古墳群と位置づけられているが、注目すべきは古墳群が春日の六道の地を北限として南西の春日野に分布していることである。

　かつての葬送地付近に六道という地名がつけられている事例は他にもある。例えば京都の六道珍皇寺の門前は六道の辻と呼ばれているが、ここは葬送地として名高い鳥辺山《とりべやま》の麓にあたる。また、この寺には冥界へ通じるという伝承をもった井戸が存在する。つまり、葬送地または他界への入口となる場所に六道の辻が位置するのである。

　日本人は古くから山の中や海のかなたを他界とするような観念をもっているとされる。それはつまり、亡くなった者の霊魂がそれらの場所へ向かうという考え方である。また、山中を浄土もしくは地獄とする伝承も多く残されている。例えば「道賢上人冥途記《どうけんしょうにんめいどき》」には、天慶四年（九四一）に道賢（日蔵《にちぞう》）という僧侶が蔵王菩薩《ざおうぼさつ》に導かれて金峰山《きんぷせん》浄土に至り、さらに地獄をみて帰るという話がある。他にも十一世紀前半に成立した『法華験記《ほっけげんき》』第一二四話には、日本における罪人の多くは立山の地獄に堕ちることが説かれている。立山連峰には浄土山と地獄谷という地名があり、山中に浄土と地獄を合わせもっている。さらに天文《てんぶん》七年（一五三八）の奥書がある『笠置寺縁起《かさぎでらえんぎ》』には、笠置山の地中に浄土と閻魔《えんま》宮へ通じる道があるとしている。これらをみると浄土と地獄はまるで隣り合っているかのようである。そ

れは春日の場合も同じであり、浄土と地獄はきわめて近い場所に位置している。

春日浄土と春日野地獄の他にも春日山中には地獄谷と呼ばれる場所がある。地獄谷の地名はかつてこの付近が葬送地であったという伝承に由来しているという。地獄谷には奈良時代後期につくられたとされる石仏が現存している。別の場所には平安時代後期や室町時代につくられた石仏地蔵などが点在している。

また、江戸時代の諸史料をみると春日社殿の南方、若宮社の西方の林中にも地獄谷の地名がある。貞享《じょうきょう》四年（一六八七）に刊行された『奈良曝《ならさらし》』巻二には、春日社着到殿《ちゃくとうでん》の南に地獄谷があり、毎朝のように本社第三殿より地蔵菩薩がやって来るとある。享保《きょうほう》十五年（一七三〇）に藤原仲倫《なかとも》が撰した『春日大宮若宮御祭礼図《かすがおおみやわかみやごさいれいのず》』では、春日楼門《ろうもん》の前に地獄谷があり、参拝者は六道の御手洗《みたらし》に石を積み重ねて水を手向ける風習があったことを記している。この社殿付近に位置する地獄谷は春日野地獄と結びつくものであろうか。

仏教経典によると地獄は人間が住む世界の地下深くにあるという。日本においては仏教の浸透に伴って地獄の思想と山中他界観が混交して展開される。

そのことが顕著に現われているのが春日の地なのである。かつて春日山中が浄土として意識されたこと、春日野の地下に地獄があると考えられたこと、山中や山麓に地獄谷という地名があること、春日山古墳群の存在などがそれを物語っていると言えよう。地獄と浄土は別々の世界であるが両界はどちらも他界であって、互いに密接な位置関係にある。そして、これらの接点に六道が位置しているのである。

以上のことから、春日の六道はきわめて重要な位置にあることがわかる。それは地獄と浄土またはあの世とこの世の接点となる場所であるとともに春日の信仰を豊かに結びつけてきた場所でもあった。そして、そのことを如実に現しているのが冒頭の説話なのである。

春日大明神は地蔵菩薩であったことから六道を往来することができ、畜生道に堕ちた者を救うことができたのである。そして、衆生を春日浄土へ導くためには六道を越えなければならないため、衆生救済の地は他ならぬ春日の六道でなければならなかったのである。

そのように春日の信仰を支えてきた六道であるが、現在その地名を知る者は少ない。かつて六道の地とされた付近には、現在、参拝者のくつろぎの場として荷茶屋が建っている。このお茶屋でのんびりするのも良いが、いつまでも六道の地をさ迷っていてはいけない。ひと休みを終えたら六道を脱して、かつて春日の浄土とされた社殿に参拝していただきたい。

また、時間と体力に余裕がある方はさらに春日山へも足を運んでいただきたい。地獄谷をめぐり、石仏地蔵などを拝し、かつての春日浄土をぜひとも観《かん》じていただきたい。

春日野から六道を越えて社殿の祭神に旅の無事を祈願したのちに春日山をめぐる行程が、私の推薦するコースである。このコースにかかる所要時間はおよそ五時間である。本格的な登山というわけではないが、若干の心構えとハイキング程度の服装が望ましい。

以上のように、春日の地は豊かな信仰が展開した場所であり、地獄から浄土までを旅することができるありがたい名所なのである。

○ハイキングコースの主なポイント

・滝坂の道：江戸時代に奈良奉行が敷き詰めたとされる石畳の道が見どころ。

・朝日観音：川向かいの大岩に三体の菩薩が刻まれている。中央に弥勒《みろく》菩薩、左右に地蔵菩薩を配する。地蔵菩薩には文永二年（一二五二）の刻銘がある。

・首切地蔵：道の分岐点に立つ地蔵。地蔵の首には裂跡がある。伝えによると、荒木又右衛門という人物が刀で試し切りをした跡とされる。

・地獄谷石窟仏（聖人窟）：凝灰岩《ぎょうかいがん》層をくり抜いた石窟に刻まれた磨崖仏《まがいぶつ》（十一面観音・盧舎那仏《るしゃなぶつ》・薬師如来などとされる）が見どころである。奈良時代後期の作と推定されている。

・春日山石窟仏（穴仏）：石窟に観音菩薩、阿弥陀如来《あみだにょらい》、多聞天《たもんてん》、地蔵菩薩などが刻まれており、平安時代後期の作とされている。

（青江智洋）

伝説地情報

行事

春日祭　三月十三日。御田植祭　三月十五日。中元万燈籠　八月十四・十五日。

若宮祭（おん祭）　十二月十七日。節供祭　一月七日　四月三日　五月五日　八月七日　十月九日。

旬祭　毎月一日・十一日・二十一日

拝観料（二〇〇九年現在）

本殿の特別参拝（初穂料）五〇〇円。宝物殿　大人（大学生以上）四二〇円。高校・中学生　三一五円。小学生　一六八円。※団体（二〇名以上）の場合は別

御札・御守（二〇〇九年現在）

鹿みくじ　五〇〇円

春日大社へのアクセス

所在地　奈良市春日野町160

交通手段　ＪＲ奈良駅もしくは近鉄奈良駅から奈良交通バス（春日大社本殿行）で春日大社本殿下車。または、奈良交通バス（市内循環外回り）で春日大社表参道下車、徒歩10分

春日山石仏群へのアクセス

所在地　奈良市春日野町春日山

交通手段　春日大社から徒歩ですぐの春日奥山遊歩道より春日山へ。または、奈良交通バス（市内循環外回り）で破石町《わりいしちょう》下車、旧柳生街道より春日山へ。

護良親王と般若寺

奈良市般若町

吉野をめざす護良《もりよし》親王が般若寺に身を寄せていると、一乗院好専が五百騎余の軍勢を率いて押し寄せてきた。親王は追手を避けるため、般若心経を納める唐櫃《からびつ》に入り、隠形《いんぎょう》の秘印を結んで姿を隠した。やがて、軍兵は親王を寺の中にさがしたが、むなしく立ち去った。これは大般若経の威力と十六善神の加護によって難を逃れ得たのだという。

（『太平記』）

【伝説探訪】

般若寺は、平安京京都と平城京奈良を結ぶ京街道の奈良坂にある。この歴史ある街道は、古代からさまざまな伝承を地層のように堆積させてきた。なかでも奈良の各地には、今でも後醍醐天皇の流離の足跡が伝える伝承があちこちに記憶されている。

般若寺の草創は、法隆寺とともに聖徳太子によって成ったと伝える。また七世紀に高句麗の僧恵灌が寺地を整え、蘇我日向が孝徳天皇の不例平癒を祈願して寺を建てたとも伝えている。また、東大寺を建立した聖武天皇が、石塔に大般若経を納めたことによって寺号を「般若寺」と号したともいう。さらに、早く奈良時代に行基が開基したという伝承もあり、空海がこの地で般若心経を

国宝の楼門

般若寺の本堂

書写したともいう。

歴史書によると『日本三代実録』貞観五年（八六三）に、般若寺の名が見える。これが、般若寺の存在を歴史的に証明する一番古い例であるとされる。境内には北東角に古めかしい鎮守神の社があり、習合の時代があったことを記憶しているし、祀られている五輪塔や石仏たちは実に数が多い。

問題は、歴史的事実だけにあるのではない。信じられてきた伝承こそ真実である。つまり、どれが史実か否かを問う必要はない。そのように信じ続けられてきたことこそ、伝えるべき価値や意味がある。この寺に幾重もの伝承が畳まれていること全てが、この寺の歴史そのものである。

本尊は、元亨四年（一三二一）の銘をもつ八字文殊菩薩騎獅像である。獅子の像の上に置かれた座像である。本尊は厨子ともに重要文化財に指定されている。十三重の石塔も重要文化財である。また鎌倉時代の有名な楼門がある。これは国宝に指定されている。寺の歴史を伝える資料として、本堂に寛政三年（一七九一）江戸時代の絵図の複製が置かれている。これによると江戸時代の寺容は現在とあまり変わらない。もうひとつ文永四年（一二六七）、鎌倉時代に描かれた「南都般若寺伽藍之絵図」の複製が掲げられている。これによると、般若寺がかつて東西五町、南北二町の三万六千坪という広大な寺域を備えていたことがわかる。また、文殊金堂と十三重石宝塔を中心に、薬師講堂を始めとして、多くの堂舎と四方に合計九つの大門小門を構える大寺院であったことがわかる。現在その偉容を誇っている国宝の楼門は、九つの門のひとつに過ぎなかったことがわかる。鎌倉時代から南北朝時代にかけて、般若寺はひとつの盛時を誇っていたのである。

『太平記』は、元弘三年（一三三三）、護良親王が笠置から吉野へ向かうとき、一乗院好専の率いる追手を避けるために、唐櫃に隠れて難を逃れたと語っているが、親王は反幕府の運動を率いる後醍醐天皇の側近であった。

そもそも『太平記』は、足利氏の庇護のもとで比叡山の学僧が戦記を編纂したものと考えられている。物語は、後醍醐天皇が北条高時を討伐しようとする計画から始まり、護良親王、新田義貞、楠木正成などの戦いの記と、足利尊氏による鎌倉幕府の打倒、そして京都に公家の政権が回復されることを語る。さらに後醍醐天皇の政治に対する不満を尊氏が利用したところから、南北朝の内乱が始まる。後醍醐天皇の崩御、武将たちの戦いの果てに細川頼之の台頭をもって物語は閉じられている。

『太平記』は南朝に忠誠を尽くす人々を讃美することによって、公家による統治の太平を願った、ひとつの歴史であった。

親王が隠れたと伝える大きな唐櫃は、今も般若寺の本堂の隅に置かれている。般若寺の唐櫃に護良親王が隠れたというのは、般若寺が護良親王をかくまったことを意味する。ただ、本堂に置かれている唐櫃が、なぜ護良親王と結び付いたのかは分からない。もともと、櫃に入るというモティーフは昔話にも山姥から逃れるために主人公が身を隠すというふうに用いられるし、追手を逃れるために袋に隠れるというモティーフは、説経節や御伽草子などにも見える。したがって、護良親王が本当に隠れたのだと考える必要はない。

物に結び付くことによって記憶される伝承を、伝説と呼ぶことができる。伝説はそこに在る遺物という物の存在の確かさを利用して歴史になろうとする。つまり、寺は歴史と交差することによって寺の歴史を打ち立てようとした。帝位を奪いかねない雰囲気をもちつつ、それゆえに悲劇的な運命を辿った親王は、物語の主人公としていつの時代

集められた石仏たち

にも人気がある。いや、そのような物語こそ、もっと早くに伝統的な類型をもって作り出されていたものかもしれない。『太平記』は、おそらく断片的に語られていた親王の潜伏伝承を利用しながら、広く知られている物語のモティーフを合わせ用いて、街道沿いの寺々を南北朝の内乱と結び付けることによって、ひとつの歴史を編んだということができる。

（廣田　收）

伝説地情報

行事

中興祖良恵上人忌　三月下旬
文殊会式　四月二十五日　毎月二十五日は文殊縁日。
弁財天祭　七月七日

拝観料

四〇〇円。春四月末から五月上旬、秋十月末から十一月上旬にかけて特別寺宝展が開催される。

お土産

『関西花の寺二十五カ所　ポケットガイド』四〇〇円。椿、梅、山吹、紫陽花、コスモス、水仙などが植えられよく鶯の鳴く、花の寺としても有名で、花の寺のカルタ、般若寺の名前と四季折々の花の絵の入った和紙の絵葉書など。

般若寺へのアクセス

所在地　奈良県奈良市般若町221
交通手段　近鉄奈良駅より北東へ徒歩15分。近鉄奈良駅から市バス「浄瑠璃寺」行、「般若寺」下車、一八〇円。

十三鐘の石子詰め

奈良市高畑町

昔より、奈良の鹿は春日社の神鹿として大切にされてきた。それは春日の神が白鹿に乗ってやって来たからだという。公園に憩う鹿たちはその子孫だというわけである。だから古くは、春日社別当であった興福寺の私法としてではあるが、鹿を殺せば有無を言わせず死罪に処せられることになっていた。

三作という子供がいた。彼が興福寺の菩提院大御堂で習字の手習いをしていたとき、一匹の鹿がやってきて、ふとしたすきに草紙を食べてしまう。三作は、腹いせに自分の持っていたけさん（文鎮）を投げた。が、運悪くそれは鹿の急所に当たり、神鹿はその場で死ぬ。彼は捕らえられ石子詰めの刑に処せられることになった。幼い子を処刑するとはあまりに不憫である。だが、いかに私法とはいえその検断は厳しく、もとより赦免などはあろうはずがなかった。あわれにも三作は殺した鹿と抱き合わせに生き埋めにされ刑場の露と消えていく。その後、母は我が子の永代供養のために紅葉を塚の傍に植えた。鹿と紅葉の組み合わせは、この時から始まったと伝えられる。

菩提院興福寺側入口

菩提院大御堂

【伝説探訪】

「奈良の早起き」という言葉がある。これは、朝起きたとき家の前で鹿が死んでいると色々とやっかいなので、それを確かめるために誰よりも早く起きたことから言われたことである。神の使いとはいえ、鹿は町民にとってそれほど扱いに気を遣わなければならない存在だったのである。そしてそのことは、右の伝説が端的に示すように、鹿に対する興福寺衆徒の所断の厳しさに由来するものであった。

十三鐘《じゅうさんがね》という耳慣れない名についてはすでに室町時代末期ころにはあった。その由来について興福寺の菩提院大御堂の鐘のことであるとか、さらに三作の年齢が十三であったからだとか、いくつかのことが言われている。しかし、実際には六ツと七ツの間に鳴っていた鐘声だというのが本当らしい。『奈良曝』(貞享四年・一六八七)「大御堂」の頃に

　此所の鐘楼にて十二時のかねをつく、又毎夜あけて七つと六つとの間ニ両方の時の数を取、十三かねと云をつく也

とあることによってそれは知られる。明け方の午前五時ころに「十三鐘」をついていたのである。『多聞院日記』天正六年正月十五日に「月十三鐘ノ過ニ明ニ山へ御入、一段珍重〳〵」とあって、月が十三鐘の過ぎたころの明け方に山へ入ったのを見た感動が記されている。

また、三作が投げた物も文鎮のほかに、石やあるいは筆で鼻をついたなどとするものもある。

この伝説は、早くから文学や芸能の題材となったが、むしろそのことによって一般の人々に知られる存在となっていった。

井原西鶴の『好色一代男』(天和二年・一六八二)に「十三鐘のむかしをきくに、哀れ今も鹿をころせし人は其科を赦

さず、おおがきをまわすとかや」とあるのが文学に取り入れられた比較的早い例である。しかし、この伝説の流布に大きな意味を持ったものと言えば、やはり近松判二の『妹背山婦女庭訓』をあげなければならない。明和八年(一七七一)初演のこの浄瑠璃は、藤原鎌足の時代を背景に猿沢池の采女絹掛伝説など様々な伝説を取り入れた作品で、十三鐘の説も物語の重要な要素として結構されている。

皇位簒奪を企む蘇我入鹿を退けるためには、鹿の血が必要とあり、そのために子息淡海の旧臣であった猟師芝六が鹿を射ころす。その父の身代わりになって十三歳の三作が神鹿殺害の罪を負う。しかし、あわや刑場に消えようとしたところを鎌足によって救われる、といった物語である。初演以後今日に至るまで人気演目の一つとなっている。

この作品に先行するものとしては、『南都十三鐘』があり、こちらは元禄十三年(一七〇〇)に大坂岩井座で初演された。

こうした文学や芸能作品が、この話の広がりに一定の影響を与えたことはほぼ確実で、それ故に、我々が今日にしている話は、その結果としてあるものと見てよいだろう。

ところで、神鹿殺害における興福寺衆徒による検断の歴史的実態は如何なるものであったのであろうか。いま室町時代の興福寺の記録である『大乗院寺社雑事記』によってそのことを探ってみよう。

文明十年(一四七八)五月十五日に「三ヶ大犯とは、児童、神鹿、講衆のことなり」とあり、神鹿殺害が、三つの大犯罪の中に加えられている。ちなみに、ここにいう講衆とは、興福寺の僧侶のことである。

文明五年(一四七三)五月二十日には、「神鹿殺害の者、三人これを切らるという」という記述が見え、神鹿を殺した人は、実際にも死罪

石子詰の旧跡

菩提院石子詰の旧跡

に処せられたようである。

興味深いのは、文明六年（一四七四）五月十二日の記事である

西京、神鹿殺害人在所へ講衆進発下向せり、植松郷と云々、宝来の披官人なり、兄弟両三人も悉く山陵方より検断、闕所せしめおわんぬ、植松郷は山陵知行の故なり、進発厳重なりと云々

とあって、検断が本人だけでなく兄弟にまでおよんでいる。同様のことはほかにもあり、ときには処罰が六親にまでおよんだ事例が見えるから、神鹿殺害の所断は極めて厳しいものであったことをうかがい知ることができよう。

十三鐘伝説中にある、三作への容赦ない処罰というモティーフは、こうした歴史と照らし合わせて見れば、一定のリアリティを感じさせるものとなるだろう。歴史を淵源にして人々が抱いた神鹿殺害にかかわるイメージは、まさに三作の悲劇をあり得ることとして社会に受容させていったのである。

ある記録によると、神鹿殺害人は捕縛の後、拷問の式を経て興福寺の外垣である大垣のまわりを引き回され、その後京街道へ出て奈良坂に向かって処刑されたという。先の『好色一代男』の「おおがきをまわすとかや」とはこのことをふまえての表現だったわけである。ほかに『妹背山婦女庭訓』でも「オヽ鹿は春日のつかはしめ、殺した者は古へより、大垣の刑に行ふ大法」という記述が見える。ただし、伝説のように石子詰めによる処刑の記録はなく、実際にそれが行われたかどうかは定かではない。そもそも石子詰めとは、罪人を穴の中に入れ石を詰めて処刑する方法であるが、たぶんに私刑的な性格が強かったようである。

和歌山県九度山町に伝えられる伝説に火事を出した家の母子が石子詰めにされる哀話がある。石子詰めという残酷な処刑法は、親子と関わって悲話を構成することにおいて格好の材料だったのかもしれない。

（橋本章彦）

伝説地情報

年中行事
十二月三十一日　十一時半～　本堂拝観

菩提院（大御堂）へのアクセス
所在地　興福寺境内
交通手段　近鉄奈良駅より徒歩15分

Ⅲ 奈良の西を歩く

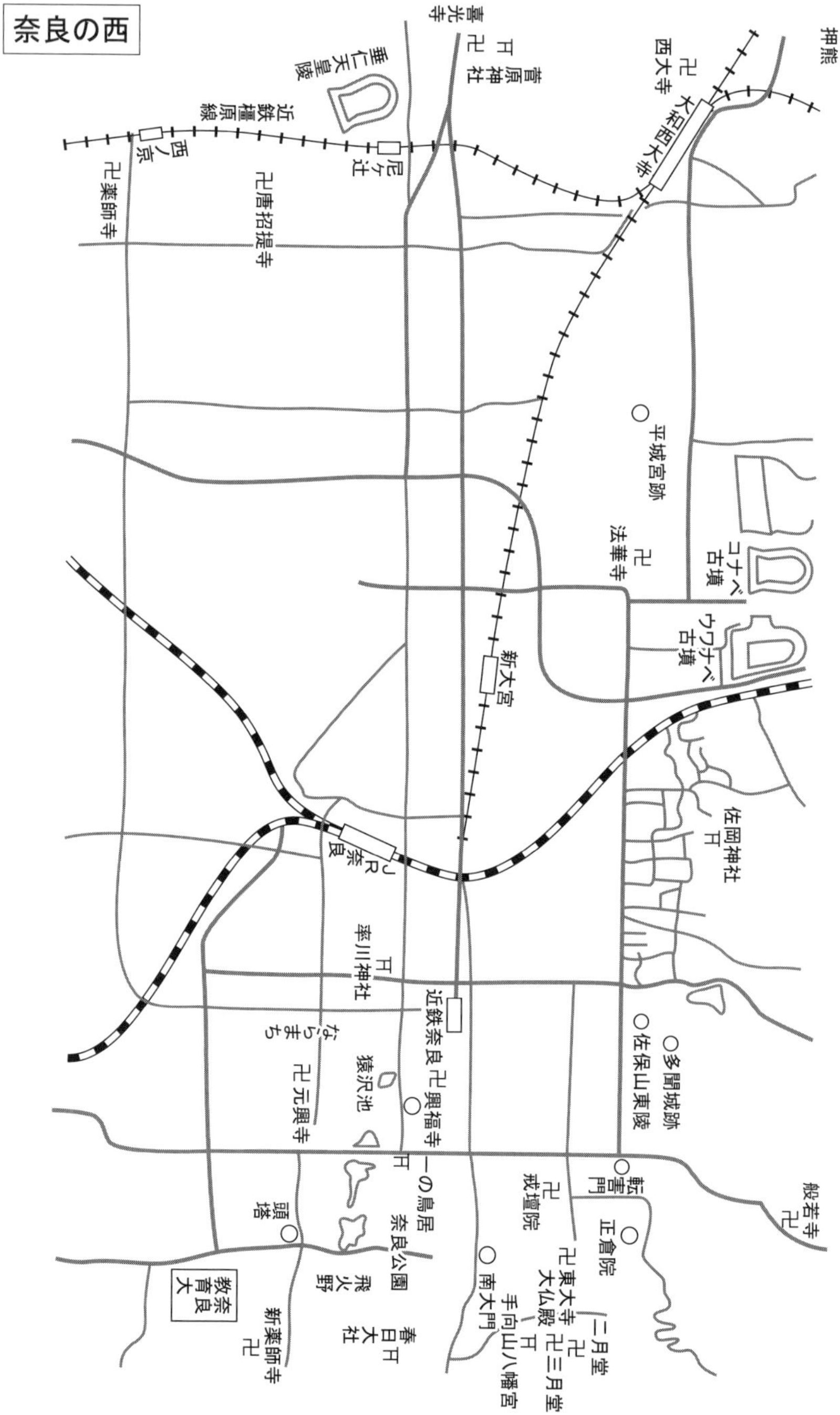

奈良の西
喜光寺
菅原神社
垂仁天皇陵
近鉄橿原線
西ノ京
尼ヶ辻
薬師寺
唐招提寺
西大寺
大和西大寺
押熊
平城宮跡
法華寺
コナベ古墳
ウワナベ古墳
新大宮
佐岡神社
JR奈良
率川神社
ならまち
近鉄奈良
猿沢池
元興寺
興福寺
佐保山東陵
多聞城跡
一の鳥居
転害門
戒壇院
正倉院
般若寺
頭塔
奈良公園
飛火野
奈良教育大
東大寺大仏殿
二月堂
三月堂
手向山八幡宮
南大門
春日大社
新薬師寺

光明皇后と法華寺の十一面観音　奈良市法華寺町

光明皇后は立后後、父藤原不比等の私邸に皇后宮識をおき、後にこれを総国分尼寺とした。これが法華寺である。法華滅罪寺ともいう。秘仏の十一面観音像は光明皇后の姿をうつしたものと言われている。『興福寺濫觴記』によると、北インドの乾陀羅国の帝が、生き身の観世音を拝みたいと願をかけたところ、夢に日本国の聖武天皇の后、光明女の姿を拝めと見た。そこで、巧匠を日本に派遣してその姿を写し取らせることにした。功匠は皇后の許しを得て三体の観音像を刻み、一体を国に持ち帰り、一体を内裏に安置し、もう一体は施眼寺に安置したという。内裏に安置したものが今の法華寺に安置されている十一面観音像であるという。この伝えにより、法華寺では十一面観音像を光明皇后としておまつりしている。

【伝説探訪】

光明子は、藤原不比等の三女で、大宝元年（七〇一）県犬《あがたいぬ》養《かい》橘《たちばな》三《み》千代《ちよ》を母として誕生した。幼名を安宿媛《あすかべひめ》という。不比等は長女宮子を文武天皇に入内させ、宮子は光明子誕生と同じ年に首《おびと》皇子（のちの聖武天皇）を生むが、その直後から精

法華寺赤門（通用門）

法華寺本堂

神を病み、一度も我が子を抱くことも会うこともなかったという。そのため首皇子は祖父の不比等邸で光明子と共に三千代に育てられた。二人は同じ邸で育った幼馴染みであった。

首皇子は十四歳で立太子し、霊亀二年（七一六）、二人は十六歳で結婚する。東宮は、平城京の東北に張り出して設けられ、不比等邸と隣接する形になる。二人は結婚してからも不比等邸と東宮とを自由に行き来しながら幼い頃と同じように暮らしていたようである。

光明子は入内の翌々年、長女阿部内親王を生むがその後は子に恵まれない。神亀四年（七二七）、結婚十一年目にしてようやく待望の皇子が誕生する。基王《もとい》と名付けられ、生後二十三日目にして立太子するが、翌年誕生日を待たずに亡くなってしまう。その後、皇子の死は長屋王の呪詛によるものとされ、聖武天皇によって長屋王邸は包囲され、弁明の機会を与えられることなく翌日直ちに自経《じけい》させられる。妻の吉備内親王（聖武天皇にとっては父文武天皇の妹）と男子四人も自経する。世の人々は長屋王とその妻子の死を悼み、哀れんだ。当時から藤原不比等亡き後を継いだ長男武智麻呂の謀略であることは明らかであったのだろう。子を亡くした母としての悲しみに加えて、藤原氏の娘として、天皇の妻として生きる苦しみはどれほどだっただろうか。

この事件から半年後、年号は天平と改められ（七二九）、五日後に光明子が皇后に立てられる。皇族以外で皇后になったのは、仁徳天皇の皇后、磐之媛の例がないわけではないが、極めて異例のことであった。

光明皇后は、立后の翌年、皇后宮識に施薬院を設置した。私財を投じて薬を買い集め、病者に施した。同じ頃、平城京の左京・右京に病人や孤児の収容所として悲田院を設置した。『元亨釈書』によると皇后は浴場を建て、千人の垢を落とそうと誓ったという。九九九人を終えた時、最後の一人は全身膿に覆われた病人で、皇后は請われるままにその全身の膿を吸っては吐き出し吸っては吐き出しした。するとその病人は阿閦仏《あしゅくぶつ》に姿を変えて天に昇っていったという。その施浴伝説の伝わる浴室（からふろ）が法華寺の本堂の東側にある。これは、明和三年（一七六六）に再建されたもので、もとは現在の一条高校あたりにあったとされる。サウナ式のこの浴場は、明治初年までは正月十三日の節会と六月七日の光明皇后の命日に行われる会式において一般に公開されており、その後も大正時代までは光明会が結成されて、年一回施浴が行われていた。傷みが進んで大正末期から使用できなくなっていたが、光明皇后の生誕千三百年を記念して平成十五年に復元修理され、平成十六年度の国の重要有形民俗文化財に指定されている。

　法華寺から一条通を東へまっすぐ突き当たると、東大寺の転害門に至る。転害門から北へとると奈良阪、この坂を越えれば京都に至る。東大寺の少し北、奈良阪にコスモス寺として有名な般若寺がある。般若寺は聖徳太子の建創とも、舒明天皇元年、高句麗の僧慧灌の創建とも伝えられているが、戦火に遭って衰亡していたものを、鎌倉時代に西大寺の叡尊上人が文殊の霊場として復興した。叡尊上人に師事した忍性はハンセン病の人たちのための救済施設である北山十八間戸を般若寺の北東に建て、毎日病者を背負って奈良の町に連れて行き、生計を立てさせたと『元亨釈書』は伝えている。地元の人たちはこれもまた光明皇后の建てたものと伝えており、その故事を慕って忍性が中興したものと言われている。北山十八間戸は室町時代末期に戦火に焼かれ、江戸時代初期に般若寺の南、現在の位置に再建された。一九二一年に国の史跡に指定され、二〇〇〇年に修復の手が加えられている。

からふろ（浴室）

佐保山東陵

光明皇后はまた、皇后宮識に公的機関として写経所を設け、父母の供養のため、天平十二年（七四〇）一切経律論（五千余巻）の書写を発願している。後世これを五月一日経と称し、今も正倉院聖語蔵その他に数百巻が残されている。法華寺では平成二十二年に光明皇后の千二百五十年忌を営むにあたり、平成十五年から光明写経と名付けた写経事業を行っている。

聖武天皇は深く仏教に帰依して諸国に国分寺・国分尼寺を建てさせた。また自らを三宝の奴と称して盧遮那仏《るしゃなぶつ》の造営に精魂を傾けたが、これらの国分寺・国分尼寺・東大寺の創建、盧遮那仏の造営を天皇に勧めたのも皇后だったという（『続日本紀』）。興福寺五重塔も光明皇后の発願であり、自ら土を運び基壇を築いたという。さらに亡き母三千代のために釈迦丈六像を造り、興福寺西金堂を建立した。また、天平十九年、聖武天皇の健康が優れなかった折り、新薬師寺（香薬寺）を建て、七体の薬師像を建立した（『東大寺要録』）。西金堂の釈迦像は皇后をモデルにしたものともいわれており（『帝王編年記』）、興福寺の宝蔵には皇后の髪一丈余りが納められているともいう（『塩尻』）。

その他、光明皇后にまつわる俗説として、僧玄昉との醜聞がある（『今昔物語集』巻十一第六話・『広益俗説弁』）。宮子の長年の気鬱の病を玄昉が治したことから宮子と玄昉の醜聞が生じ、それと混同したのだともいい、聖武天皇の信頼が厚く、後に僧にあるまじき専横があったことから世の人の憎むところとなったからともいうが、皇后に対して悪意のある噂を流す者はいつの世にもいるものである。

光明皇后は夫聖武天皇が亡くなった後、七七忌に自ら願文を草して遺愛の品々を東大寺に施入している。その願文には聖武天皇の遺徳を讃え冥福を祈る言葉とともに、生前天皇が愛用していた品々が目に触れると在りし日が思いだされて涙がこぼれる、とある。毎年秋に奈良国立博物館で開かれる正倉院展は、正倉院に納められた品々の一部を、虫干し・点検を兼ねて一般に公開するものである。聖武天皇・光明皇后は、一条通り法蓮佐保川町の佐保山南陵・佐保山東陵に仲良く並んで眠っている。

（宮川久美）

伝説地情報

行事

・雛会式　四月一日～七日

本尊十一面観音の前に五十五体の善財童子がまつられ、一日一度の法要では十三人の尼僧が散華する。法要の行われる時間は問い合わせるとよい（0742―33―2261）

・本尊特別開扉　（春季）三月二十日～四月七日　六月五日～六月八日

（秋季）十月二十五日～十一月十日

・史跡名勝・庭園・慈光殿公開　（春季）五月一日～五月二十日

（秋季）十月二十五日～十一月十日

お土産

法華寺の犬守り　創建以来、護摩の清浄灰土をもって尼僧達が犬のお守りを作っている。

法華寺へのアクセス　所在地　奈良市法花寺町882

交通手段　JR・近鉄奈良駅から奈良交通バス　近鉄大和西大寺駅行または航空自衛隊前行14分、近鉄大和西大寺駅からJR奈良駅行きまたは白土町行10分「法華寺前」下車　徒歩3分

般若寺へのアクセス　所在地　奈良市般若寺町221

交通手段　JR・近鉄奈良駅から奈良交通バス　奈良阪・青山住宅行12分「般若寺」下車　徒歩5分

佐岡神社と佐保姫

奈良市法蓮町

奈良市法蓮町、一条通りの奈良高校前バス停から北へ数百メートルほどの所に狭岡神社がある。県立奈良高校の西側にあたる。狭岡神社は延喜式内社で、藤原不比等が勅許により邸内の丘上に天神八座を祭ったものと言われている。

佐保の里一円（奈良市北部、佐保川の北岸で現在の奈良市法蓮町・法華寺町一帯を指す）の氏神として今も氏子中の崇拝を集め、美しく整備清掃されている。境内に「洗濯池」「姿見池」「鏡池」などと呼ばれる池がある。これが、佐保姫ゆかりの池である。

【伝説探訪】

佐保姫は第十一代天皇垂仁天皇の皇后であった。

ある時、同母の兄、佐保彦が「夫と兄とどちらが愛しいか」とたずねたので、兄の方が愛しいと答えると、「ではこの刀で天皇のお寝みになっている時にそのお首を刺しなさい。お前と私と二人で天下を治めよう。」と言って、小刀を与えた。佐保姫は自らの膝を枕に眠る天皇の首めがけて小刀を三度振りおろそうとするが、悲しい気持ちを抑えかねて、刺すことが出来ず、天皇の顔の上に涙をはらはらとこぼした。天皇は

佐岡神社

姿見池

驚いて目を覚まし、不思議な夢を見たという。佐保の方からにわか雨が降ってきて、私の顔をぬらし、錦の模様のある小さな蛇が私の首にまとわりついたと。佐保姫は、もはやこれまでとすべてを打ち明ける。

　天皇は兵を起こして佐保彦を攻め、佐保彦は稲城を築いて立てこもった。佐保姫は兄を思う情を抑えかねて、裏門から抜け出して、兄の稲城の中に入った。その時佐保姫は身重であった。天皇は、その后が身重であることと、后として愛おしみ重んじて三年に至ることとを思うと、悲しくて、急には攻めることが出来ず、稲城を包囲させていた。そうこうしている間に御子が生まれる。姫が、「もしこの御子を天皇の御子とお思いになるならば、迎え入れてください」と使いを立ててきたので、天皇は兵士の中から俊敏で力のある者を集めて、「御子を取る時に必ずその母王をも奪い取れ、手でも髪でもつかみ次第引き出して連れ帰れ」と命じた。兵士が、髪をつかもうとするとおのずからその髪は抜け落ち、手を取れば、手に巻いた玉の緒が切れ、衣をつかむとその衣も破れてしまい、とうとう母王を取り戻すことが出来なかった。実は姫は天皇の気持ちを察して、あらかじめ髪を剃って鬘にしてもとのように被り、玉の緒や衣は酒に漬けて腐らせてもとのようにそっと身につけていたのである。

天皇は「子の名は何と名付ければよいか」「どうやって育てればよいのか」「あなたの結んだわが衣の下紐は誰が解くのか」と問いかけ、攻撃を引き延ばしてきたけれども、もう問うこともなくなり、とうとう佐保彦を殺した。佐保姫もまた、兄に従ったのである（『古事記』による）。

佐保姫は、『古事記』では沙本毘売《サホビメ》・佐波遅比売《サハヂヒメ》とも、『日本書紀』では狭穂姫とも表記されている。母の沙本之大闇見戸売《サホノオホクラミトメ》のもとで同母の兄・佐保彦と共に成長した。兄妹は第九代開化天皇の直系の孫で、その父、日子《ヒコ》坐王《イマスノミコ》は第十代崇神天皇の異母兄弟である。皇統を継ぐ資格は充分にあったのである。兄と妹とで統治しようというのは、古代的な兄と妹との神話的な紐帯（彦姫制）の名残とも言われる。また、天皇が佐保姫の膝枕をして真実を知るというのは、佐保姫の巫女性を表しているともいう。記紀は古くからの氏族伝承をそれぞれに編纂したのであろうが、

若草山から奈良市内を望む

佐保姫の「膝枕」は漢訳仏典の長寿王説話による潤色であろうと言われている。長寿王説話とは次のようなものである。

拘娑羅国王、長寿王は加赦国の王、梵摩達多に国を奪われ殺された。その太子長生は父の敵を討とうと加赦国の王の城に入り込む。その有能ぶりを評価されて、何も知らない王の側近に仕えるようになる。ある時二人は狩りに出かけ、深い山に入って道に迷ってしまう。王はひどく疲れ、馬から下りて剣を長生に預けてその膝を枕に眠ってしまった。長生は剣を抜いて王を刺そうとするが、「怨みを報いようと思うな」という父の遺言を思って、剣をとどめる。繰り返すこと三度。王は、目を覚まして、長寿王の太子が私を殺そうとする夢を見た、と言う。長生は出生を明かし、父の遺言によって踏みとどまったことを告げる。王は自らの行いを悔い、長生の厚恩を誠に感じ、この国を太子に返し、共に兄弟の誓いを結んで互いに貢ぎ物を遣わし、急難があれば助け合うようになったという。

狭穂姫伝承地

佐保姫が産んだ御子は、燃える稲城の火中で生まれたので本牟智和《ホムチワ》気王《ケノミコ》と名付けられた。ホは火、ムチは貴、ワケは神名・人名に付ける接尾辞でもともとは、ワカ（若）の名詞形である。佐保姫の遺言に従って、乳母を定め、大湯坐《おほゆゑ》・若湯坐《わかゆゑ》を定めて垂仁天皇によって大切に育てられるが、大人になるまでまともに物を言わなかった。皇位継承権はあったが、謀反人である佐保姫の子であったので、皇位を継ぐことはなかった。

佐保姫が次の后として推薦したのは、弟の旦波比古多多須美知能宇《タニハノヒコタタスミチノウ》斯王《シノミコ》の娘、比婆須比売命《ヒバスヒメノミコト》（『日本書紀』では日葉酢媛命と表記）である。比婆須比売命は次の景行天皇の母である。比婆須比売命の御陵は近鉄平城駅の近くにあるが、謀反人である佐保姫の墓はない。しかし、地元の人によると、大っぴらに祀ることは出来ないとしながらも密かに祀られてきたらしい。『大和名所圖會』には狭岡神社（天神宮）の丘を下ったところに「さほひめつか」を載せる。狭岡神社の氏子総代・宮司をつとめる脇田力男氏によると、佐保姫塚のあった田を「けち田」と言い、戦争中でも農機具置き場などに使用して田を作らなかったという。今ではそれも宅地となり、そこに佐保姫塚があったことを知る人はほとんどないそうである。昭和四十六年発行の「狭岡神社の由緒記」には、四月の例祭として氏子戦没軍人慰霊祭と共に佐保姫皇后御霊祭を挙げているが、平成十三年発行の由緒記には両方とも省かれている。佐保姫ゆかりの池も以前は満々と水を湛えていたが、下水道が整備されてから地下水の水脈が変わったのか、水量が減ってしまったという。

それでも佐保の里の人々にとって、佐保を出身地とする薄幸の皇后佐保姫は身近な存在であり、永久保存を願ってゆかりの池は日々美しく掃き清められているのである。

（宮川久美）

伝説地情報

例祭

元旦祭　正月（一月一日）
おん田祭　二月二十四日
秋季大祭　十月九日、十日
新嘗祭　十二月十二日

佐岡神社へのアクセス

所在地　奈良市法蓮町
交通手段　近鉄奈良駅　奈良交通13番乗場から近鉄大和西大寺駅行または航空自衛隊行で7～9分「一条高校前」下車徒歩5分

西大寺の叡尊

奈良市西大寺芝町

後深草院の御世康元元年（一二五六）、叡尊（えいぞん・えいそん）が五十六歳の時、夢に天照大神が御手ずから愛染明王《あいぜんみょうおう》の尊像をお授けになって、「あなたはこの愛染明王に帰依して菩提を成就し、衆生を済度しなさい」とお告げになった。夢から覚めて不思議な思いにとらわれていたところ、翌朝どこの人とも知らない老翁が今の愛染明王の尊像を背負って来て、叡尊に与えて行方しれずになってしまった。叡尊が尊像の相好を拝見したところ、夢に見たのと少しも変わらなかったので、信仰心が日ごとに増していった。

後宇多院の御世弘安四年（一二八一）の秋、蒙古人十余万の兵賊が襲来してこの国を滅ぼそうとした時（弘安の役）に、蒙古の異賊を退治するため勅使が派遣され、叡尊上人に祈祷を依頼した。叡尊が勅許に応じてすぐに伊勢に向かい、一切経を奉納し、深く祈ったところ、「この愛染明王の尊像を男山の八幡宮の宝前に安置して供養すれば霊験があるであろう」という伊勢大神宮のお告げをいただき、閏七月一日より八百余の僧侶たちと一緒に霊験を祈ったところ、一七日《ひとなぬか》（七日間）が満ちた日の夜に宝殿が鳴動して御戸が開いて「お前が異国

西大寺愛染堂

西大寺所蔵興正菩薩叡尊像
（『奈良六大寺大観西大寺全』岩波書店より転載）

の兵賊を降伏させる法力を助けるために私が一筋の鏑矢《かぶらや》を放ってやろう」というお告げがあった。この確かな神勅ののち、雷が鳴るような弦《つる》の音がして、鏑矢の目から光が差して西に飛んで行った。この時筑紫の博多浦では、東の方で大風が起こって雲の中から鏑矢が光を放って賊船の中へ落ちたと見えたところ、たちまち多くの賊船が砕け、賊たちはおぼれてことごとく滅び、十余万人のうち、生き残って逃げ帰ることができた者は、ただの三人であった。蒙古軍が一時に滅亡した後、愛染明王の尊像を拝見したところ、所持されていた二筋の矢のうち一筋のみを持っておられた。それ以来今に至るまで、西大寺の愛染明王像の矢は一筋となった。

（「南都西大寺略縁起」）

【伝説探訪】

この伝説で語られている愛染明王坐像（重文）は、現在も西大寺の愛染堂の中央内陣の厨子内に安置されている。『興正菩薩行実年譜』には、「南都西大寺略縁起」と同様に、康元元年（一二五六）、叡尊五十六歳の時に、夢で見た愛染明王像を老翁が背負ってきたという話が記されている。愛染明王像は秘仏であったため、制作の経緯はよくわかっていなかったが、昭和三十年に実施された西大寺綜合調査で像の納入品が発見され、それにより、宝治元年（一二四七）に叡尊が大願主、弟子範恩が大檀越（施主）となり、仏師善圓がこの像を造ったことが明らかとなった。非常に厳重な秘仏であったため、彩色までも極めて鮮やかに残っている。現在は一月から二月と、十月から十一月の年に二回、秘仏愛染明王坐像特別開扉が行われているため、比較的見やすくなっている。愛染堂には、興正菩薩坐像（重文）も安置されている。

南都七大寺の一つ西大寺は真言律宗の寺で、高野寺、四王院とも称された。本尊は木造釈迦如来立像（重文）である。

天平神護元年（七六五）に称徳天皇が創建した勅願寺で、開基は常騰。創建当時は三論宗が弘通された。創建当初の境域は東西十一町、南北七町、面積三十一町（約四十八ヘクタール）で、百十数宇の堂舎があったといい、東大寺と並ぶ大寺としてその規模を誇ったが、数度の火災により衰退し、平安時代には興福寺の支配下におかれた。嘉禎元年（一二三五）中興の祖とされる叡尊が入寺し、荒廃をきわめた伽藍を復興するとともに寺門の興隆につとめ、戒律の道場として再生させた。しかし、文亀二年（一五〇二）の兵火で伽藍が壊滅的な打撃を受け、江戸時代にようやく再建された。本堂、愛染堂、四王堂、大黒天堂、護摩堂、鐘楼、山門などが現存している。

　西大寺中興の祖叡尊（一二〇一～一二九〇）は字を思円といい、大和国に生まれた。高野山や醍醐寺で密教を学び、のち西大寺を本拠として各地で戒律の復興と社会救済事業に努めた。元寇の際には、勅命により蒙古降伏を祈って神風を起したと伝えられている。叡尊と西大寺愛染明王像の鏑矢をめぐる伝説はよく知られている。おくり名は興正菩薩といい、西大寺の奥の院（体性院）に葬られた。

　奥の院は西大寺北通用門の北西約六〇〇メートルの所に位置しており、叡尊の墓とされる高さ約三・五メートルの巨大な石造五輪塔がある。中世には林間の地であったというが、現在は周囲に住宅が密集する地となっている。奥の院にはほかに二代慈真、三代宣瑜の墓とされる二基の石造五輪塔もある。

　西大寺東門を出て、道を隔てたところに、石落《しゃくらく》神社の小祠がある。西大寺の鎮守社として仁治三年（一二四二）叡尊によって祀られて以来、呪薬法会や初午厄除け法要などに奉祀されてきたという。現在の社は室町中期のものとみられている。『西大勅諡興正菩薩行実年譜』仁治

奥の院（体性院）

八幡神社

三年の項に、石落神社の由来に関する記述がみえる。ある日、一人の老翁が西大寺に来て、長わずらいをよく治す薬の処方を叡尊に授けた。名を聞くと、私は少彦名命《すくなひこなのみこと》石落神《しゃくらくじん》であると言って姿を消した。薬を調合して病人に与えるとすぐ平癒したので、施薬院を設けて病人に広く施し、東門の辺りに社を建てて神を祀った。今も豊心丹《ほうしんたん》の処方は伝わっており、年始に呪薬法会を行っている、と記してある。西大寺の秘薬「豊心丹」は、かつては寺中の各子院でつくられるほど人気が高く、官許の売薬として昭和十七年まで売られていたという。現在はつくっていないが、製薬用具は保存されている。初午厄除け法要は今でも行われている。

　四王堂の前の放生池のところに、「百万古跡の柳」がある。謡曲「百《ひゃく》万《まん》」（世阿弥作）は、男が西大寺あたりで拾った子どもを連れて嵯峨清涼寺釈迦堂の大念仏会に出掛け、百万という狂女の曲舞《くせまい》を見る。子どもがその狂女を母と気付き、母と子が再会するという内容である。その百万が西大寺で我が子を見失った所が放生池の柳のあたりであったという。なお、西大寺本堂の本尊釈迦如来立像は、叡尊が嵯峨清涼寺釈迦像を模刻させたものである。

　西大寺南門を出て、西に約三〇〇メートルの所に八幡神社がある。もとは西大寺の鎮守であったが、明治の神仏分離によって独立した。本殿は室町中期の三間社流造りである（重文）。延応元年（一二三九）の正月、叡尊が修正会を厳修し、満願の翌日の一月十六日、鎮守八幡宮に参詣して満願のお礼をした時、献茶の余服を参詣の人々に振る舞ったといい、これが西大寺大茶盛の由来であるという。大茶盛式は現在でも西大寺で一月・四月・十月などに催されており、著名な行事となっている。西大寺の主要な伝説は叡尊にまつわるものが多いが、叡尊による中興があったからこそ現在まで西大寺が栄えていることがよくわかる。

（原田信之）

伝説地情報

行事

新春祈願会……一月一日
新春初釜大茶盛式……一月十五日
秘仏愛染明王坐像特別開扉……一月十五日〜二月四日
初午厄除祈願会……三月最初の午の日
春の大茶盛式……四月第二土・日曜日
奥の院地蔵会式……七月二十三日
興正菩薩忌……八月二十五日
秋の大茶盛式……十月第二日曜日
秋の特別展……十月二十五日〜十一月十五日
秘仏愛染明王像開扉
除夜会……十二月三十一日
観音護摩供……毎月十八日
弘法大師御影供……毎月二十一日
興正菩薩忌……毎月二十五日
不動護摩供……毎月二十八日

西大寺へのアクセス

所在地　奈良県奈良市西大寺芝町1−1−5
交通手段　近鉄「大和西大寺駅」南口から徒歩3分。

西大寺大茶盛式（奈良市観光協会提供）

松永弾正久秀

奈良市法蓮町

奈良市法連に、淡海公と言う小山がある。頂上に、奇妙な格好をした枯れた松の大木があり、幽霊松と呼ばれる。山の北西に鴻の池という池があり、しばしば溺死人を出したという。一説には、松永弾正が滅ぼされた時に、夫人が鴻の池に身を投じて、大蛇と化して池の主になった。そのため、毎年溺死する人が出るのだという。

ちなみに、淡海公とは本来、藤原不比等のことを指す語である。不比等は聖武天皇皇后光明子の父にあたるので、その名称が伝説化したものだろうという説がある。

【伝説探訪】

淡海公の山は、遺跡として登録されている聖武天皇陪塚い号、ろ号、は号を指している。い号とは号は西淡海公、ろ号は東淡海公となっている。宮内庁の管轄となっており、中に入ることはできない。西淡海公の山全体は、奈良市と中国西安市との友好姉妹都市を記念した、西安の森として保護されている。また、東淡海公には、以前は松の大木三株が残っているとされた。しかし、現在は外周から見たところ、幽霊松

はるかに信貴山を望む

多聞城跡（若草中学校）

多聞城跡から大仏殿を望む

多聞城跡の石塔群

らしき枯れた松は残ってはいなかった。幽霊松伝説と関係するのかどうかわからないが、鴻の池付近の東淡海公付近には、江戸時代の墓標が一基ある。溺死人の墓なのだろうか。

松永弾正久秀（一五一〇～一五七七）の出自については、阿波国、山城国西岡出身など諸説がある。弾正と奈良との関係は、永禄二年（一五五九）に大和国信貴山城に移ったことに始まる。翌一五六〇年に興福寺の大和国支配を終焉させて大和一国を統一し、一五六二年に多聞城（現奈良市多門町）を築城し移り住んだ。

奈良市菖蒲池町の称名寺に、千体地蔵として祀られている地蔵は、多聞城の城壁に用いたものであったと伝えられる。約一九〇〇体の地蔵は、第十九代観阿上人が、貞享年間に集めて祀ったものであるとされる。多聞城は、現在、奈良市立若草中学校となっており、多門城関係の墓が残されている。

多門町では以下のような伝承を聞いた。雨が降りそうな時に、多門城からジャンジャン火が出る。火の玉は信貴山方面へ飛んでいく。松永弾正に攻め滅ぼされた、十市遠忠の居城・竜王城（天理市）にジャンジャン火が出るのは有名である。ジャンジャン火伝説は弾正つながりなのだろうか。

（角南聡一郎）

伝説地情報

土産

くるみの木一条店

鹿ブローチ　くるみの木鹿サブレ　せんべい

鴻の池へのアクセス

所在地　奈良県奈良市中院町11

交通手段　鴻の池へは近鉄奈良駅下車、奈良交通バスにて鴻池で下車し、東へ徒歩5分。多聞城へは近鉄奈良駅下車、奈良交通バスにて今在家で下車し、西へ徒歩5分。

菅原道真と菅原神社

奈良市菅原町

菅原道真の産湯池と伝えられる池が菅原町にある。道真の母が京都からこの故地に帰参して出産をしたとされる。この池は元来、菅原院の一部と伝えられ、池中の島にこの由緒を刻んだ碑が建立されている。

菅原町以外では、手向山八幡宮にある菅公の腰掛石が著名である。菅原道真が『古今和歌集』におさめられた「このたびは　幣もとりあへず手向山　紅葉の錦　神のまにまに」という歌を詠んだ際に腰掛けたとされる石である。これは、ちょうど成人が椅子に腰掛けるのと同じ程度の自然石である。本来は、別の場所にあったものを手向山八幡神社改修の時に現在の位置に移動したとのことである。現在は、観光スポットの一つとしてガイドブックにも紹介されている。

また、東寺林町では、正月に一家そろっての祝い膳に、湯飲み茶碗に梅干を入れて飲まされたという。これは道真が大宰府に流された時に、梅干入りのお茶を飲んでいたために、追っ手からのがれ命拾いしたということに由来しており、つまり一家が一年間災難なく過ごせるようにという災難よけの意味があるという話が伝わる。

菅原神社（菅原町）

菅大神天満宮（京都市下京区）

【伝説探訪】

菅原道真についての伝説は、太宰府天満宮関係をはじめとして多い。文武兼才であったことからも、後に学問の神として信仰されるようになった。

　菅原町は菅原家発祥の地及び、菅原道真誕生の地と伝えられている。ここには、菅原道真を祀った菅原天満宮が鎮座している。平成十四年（二〇〇二）に菅原神社から菅原天満宮に改称されたものである。寛永三年の『大和名所図会』にも菅原天神社として紹介されている。菅原町周辺の菅原東町では、古墳時代後期の埴輪窯群が発見されている。菅原埴輪生産と深く関係したとされるのが、土師氏である。菅原氏は土師氏を祖先とするとされるので、菅原町周辺から埴輪窯が発見されたことは注目に値するだろう。

　手向山八幡神社の腰掛石以外にも各地に道真が腰掛けたとされる石が存在する。代表的なものを紹介してみたい。菅原道真は昌泰四年（九〇一）に右大臣の職を解かれて、大宰府に左遷され、博多に上陸した菅原道真は現在の室見～重留～板屋を経て、大宰府へ向かったと伝えられている。その道中菅原道真が休息をとるために座ったといわれる石が、福岡市早良区室見にある少童神社境内裏の菅公腰掛石である。腰掛石には平坦な石と尖った石の二者がある。

　福岡県遠賀郡遠賀町別府の菅公腰掛石は、『筑前国続風土記拾遺』や『高塚天満宮縁起』によると、官公が筑前に下られるとき当地で海が荒れていたため、波がしずまるまでの間入り江だったこのあたりに舟を寄せて、休んだ時のものという。

また、広島県尾道市長江の御袖天満宮や四国の香川県高松市西山崎町の綱引天満宮にも菅公腰掛石がある。菅公は、仁和年間（八八四〜八八八年）には、讃岐の国司であった。北岡城主の秦久利とは縁があり、よくここを訪れ、この石に腰掛けたといわれている。

同じく仁和年間に道真が、伊予の国の行政や風俗の視察に行った際、愛媛県温泉郡重信町北野田にも立ち寄り、腰かけて休んだとされる石が菅公腰掛石と呼ばれる。

兵庫県明石市大蔵谷の天神社は休天神とも呼ばれる。道真が左遷の途中にここで休んだといい、境内に菅公腰掛石がある。兵庫県には他に洲本市五色町の菅相寺にも腰掛石がある。

大阪市城東区諏訪の諏訪神社境内には、境内摂社に腰掛天満宮がある。休憩のため、ここには、腰を掛けたと伝わる菅公腰掛石があり、この石に触ると学業成就の願いが叶うとされる。

京都府右京区御室大内仁和寺の菅公腰掛石は、延喜元年（九〇一）、菅原道真が大宰府へ左遷された時に、道真は、宇多法皇に対面して醍醐天皇へのとりなしを依頼しようとしたものの、法皇が修法中だったためにこの石に座り待ったという。下京区間之町通花屋町下ル天神町の文子天満宮には、本殿の奥に腰掛石があり、これは菅公が大宰府への道中、乳母の多治比文子に別れを告げに立ち寄った際、腰掛けたとされる。京都市の腰掛石には、これらの他に左京区八瀬秋元町八瀬天満宮社にもある。また、亀岡市千代川町の天満宮を休天神というが、この社の境内の菅公腰掛石は、道真公が園部の武部源蔵に逢いに来て、ここで別れたというが、そのとき腰を掛けた石である。更に東では滋賀県米原市西番場区にも菅公腰掛け石がある。

北野天満宮（京都市上京区）

静岡市登呂遺跡から発掘された低い椅子の事例があるように、我が国への椅子の導入は弥生時代からの可能性が高いと考えられる。ではそれ以前はどのような座り方であったのだろか。恐らく蹲踞や胡坐の姿勢が一般的ではなかったかと考えられる。

続く古墳時代の座り方は形象埴輪の中に散見され、正座・椅座・扶座が認められる。歴史時代の座り方は、仏像・僧像の表現として遺されている。中国では、仏教的な扶座だけでなく、仏像にも椅子に座った造形が認められる。実際、中国での正式な座方は椅子の一般化とともに、正座から椅座へと変化したと考えられている。遠賀町の腰掛石に低く平坦な石と尖った石の高いものの二者があるのは、前者が伝統的な低い椅子を、尖った石は後に中国から伝わった、いわゆる椅子を示しているのではなかろうか。

（角南聡一郎）

北野天満宮（京都市上京区）

伝説地情報

行事

祈年祭（おんだ祭・学業成就祈願祭）二月二十五日、筆まつり三月二十一日、菜花祭四月二十五日、御誕生祭六月二十五日、夏祭七月二十五日、例祭十月十日、新嘗祭十一月二十五日、などが執り行われている。また、これ以外に、二月に蔵祭、三月に一升餅祭、毎月二十五日には忌日祭が行われている。

土産　学業成就のお守り、鉛筆などが販売されている。

菅原神社へのアクセス　所在地

交通手段　近鉄尼ヶ辻駅から北へ徒歩約10分。もしくは近鉄学園前駅から奈良交通バスにて菅原神社前下車すぐ。

唐招提寺と覚盛上人　奈良市五条町

唐招提寺では、五月十九日に「うちわまき」という行事が行われている。この日は境内の鼓楼からうちわがまかれ、それを求める参詣客で寺も華やかに賑わう。うちわまきの由来について、昭和三十八年発行の『大和の年中行事』では次のように伝えている。

中世にこの寺の長老であった覚盛上人が、ある夏に法会をつとめていた。蚊が多く、上人の肌を刺したが、同寺は殺生戒がきびしく蚊を殺すことはできなかった。弟子たちは蚊を除こうとしたが、上人は「蚊に自らの血を与えるのも菩薩行である」といって諭した。この上人の仏心をたたえるために、後世になって上人の忌日に、法華寺尼僧が霊前にうちわを供えて供養するようになった。それがうちわまきの始まりであるという。

寺で頒布されるうちわには「唐招提寺宝扇由来記」という紙片が添えられており、これとほぼ同じ内容が記されている。

【伝説探訪】

唐招提寺は、平城京の一角に天平宝字三年（七五九）に建立

唐招提寺南大門

された、日本で最初の律宗寺院である。その創建が、唐時代の中国から日本へ渡った鑑真和上によるものであることは、多くの日本人が知るところだろう。天平勝宝六年（七五四）に日本へ渡った鑑真は、東大寺で戒壇院を開いたのち、私寺としての唐招提寺を開き、来日の九年後に同寺で亡くなった。私寺であった唐招提寺は、東大寺や薬師寺などの南都七大寺に数えられることはなかったが、十世紀の延喜式では南都十五大寺のなかに含められ、以後はほぼ固定して十五大寺のひとつに数えられている（『奈良市史』通史一・二）。奈良の代表的な地誌である『大和名所図会』（十八世紀末）では、唐招提寺は創建以来火災にあうことなく、「古代の伽藍にして世に類ひなき梵刹なり」として、その伽藍配置が詳しく挿絵に描かれている。

うちわ

『大和名所図会』など近世の数々の地誌に、このうちわまきについての記述は見出せない。しかし、各地の年中行事を集成した、文化三年（一八〇六）刊行の『諸国図会　年中行事大成』には、五月十九日に「団扇撒《うちわまき》」の記述がある。それによると、この日は唐招提寺の中興開山覚盛和尚の忌日であり、「今日団扇を多く堂にかざりて修法あり。会式終て此団扇をまきて参詣の者に拾はしむ。里俗これを得て雷除の守とす。」とある。江戸時代後期には、うちわまきの名称でこの行事は広く知られており、人々はそのまかれたうちわを得て、雷除けにしていたのである。

うちわまきの日は、唐招提寺中興の祖といわれる覚盛上人の忌日でもある。覚盛上人は寛元二年（一二四四）に唐招提寺に入り、五年後の建長元年に没した。この日、講堂には上人の肖像画が掲げられ、供物とともに多数のうちわが供えられる。まず、律宗にとって重要な経典である梵網経の読経などが行われて、上人の法要が営まれる。また、由来にも登場する法華寺門跡によって、今でもうちわが奉献される。こうした法要の後、詰め掛けた多くの参詣者に向けて、鼓楼からうちわがまかれるのである。

このうちわは一般的な日本の形ではなく、持ち手部分の木がうちわの先端部まで貫く、中国風のハート形である。白い和紙に赤い紙の縁取りで、黄や紫の紙の飾りも添えられて華やかである。うちわの表面には、諸願成就の千手観音の真言と不浄除去の烏枢沙麻明王の真言が刷られている。うちわに添えられた「由来記」では、このうちわの効能は雷除けだけではない。うちわを水田に立てれば虫除けになり、病者をあおげば解熱し、産児は生涯健康となるなどと記されている。

様々な呪力があるというわけだが、前述したように、『諸国図会年中行事大成』からは、当時は雷除けに効果があるとみられていたことがわかる。雷を除けられる、つまり人々はうちわに天候を左右できる呪力を感じていたのだろう。各地の雨乞い習俗にも、やはりそこここにうちわが登場した。兵庫県養父市八鹿町などに伝わる雨乞い踊りでは、踊り手の数人がうちわを負う。香川県綾歌郡綾川町滝宮の天満宮に伝わる雨乞念仏踊りでは、中心となる人物が軍配うちわを持ち、その両面には「水」「雨」と記された。いかなる旱魃でも、三十三回踊ると必ず雨が降るという（高谷重夫『雨乞習俗の研究』）。琵琶湖の湖北一帯では、雨乞いや順雨の返礼に太鼓踊りが奉納される。米原市春照では、その行列の最後尾に「返礼踊」と書かれた大うちわが登場する（市立長浜城歴史博物館『近江湖北の山岳信仰』）。これらの事例は、うちわが風をおこすことが、天候を左右できるという発想に結びついたものと考えられる。

唐招提寺のうちわは、現在では雷除けよりも、虫除け、魔よけ、また安産の守りになるといわれる。参詣者は、持

講堂に供えられたうちわ

唐招提寺鼓楼

ち帰ったうちわを座敷の長押や床の間・神棚などに飾るという。とくに、唐招提寺近在の人々からは、かつては田んぼの虫除けになるといって、うちわを苗代に挿したことが聞かれる。五月十九日は、田植えを前に苗代で苗が育つ時期である。旧暦ならば現在の六月末にあたり、盛夏を目前に田植えがすんだ水田の害虫や、人々への疫病が気にかかる時期でもある。上人の忌日がちょうどこうした時期にあたることから、高僧の由来を背景とし、かつ虫を払い涼風を招くうちわに、害虫や夏病みを払う期待がこめられるようになったと考えられる（水田に立てると害虫除けになる、という発想は、午王宝印の習俗にも共通する。午王宝印もこのうちわも、寺から授与される文字が書かれた紙であり、寺と文字に呪力があると考えられたのかもしれない）。

これもまた人々がうちわに見出した呪力であり、同様な例が各地にある。伊勢のお田植え神事では、舞人が左右に小うちわと羽うちわを持って踊り、稲の順調な生育を祈願した。また神事終了後に田をあおいだ大うちわの紙片を人々が持ち帰ると、家内円満になるのだという（『伊雑宮の御田植祭』）。東京都府中市の大国魂神社では、七月の祭礼に、からすうちわというからすを描いたうちわを頒布する。これであおぐと農作物の病虫害が除かれ、病が治るという（『府中市史』下巻）。滋賀県甲賀郡周辺で行われるハナバイという夏祭りでは、造花やうちわを飾り立てたハナガサが作られる。祭り終了後に人々はこの造花やうちわを奪い合い、それを持ち帰って軒先などにさすと無病息災ですごせるという（長谷川嘉和「毀棄される祇園祭のハナガサとハナ」）。伊賀市三田では、これと同様の祭りをウチワマキといった。いずれも、ほとんどが唐招提寺のうちわまきと同じく、五～八月の夏に行われている。

唐招提寺のうちわまきは、高僧の忌日という仏教行事である。しかし同時に、うちわにこうした呪力を見出す人々の民俗的な心意があって参詣者を集め、長く続いてきたものと考えられよう。ちなみに、奈良はうちわの産地でもあった。江戸時代中期の奈良の郷土研究家村井古道による『南都名産文集』にも、奈良名産としてうちわが記されている。なお、うちわをまく鼓楼（国宝）は、鎌倉時代の仁治元年（一二四〇）の上棟が明らかにされており、覚盛上人の生存中の建築物である。

（荻野裕子）

伝説地情報

唐招提寺は、一九九八年に世界文化遺産に登録された。十年間の大修理を終えた金堂は、日本現存最大の天平建築。国宝の鑑真和上像や四天王立像を所蔵する。

行事

正月修正会　全国の餅の名を独特の節回しで詠み上げる、餅談義という行事がある（三日）。

新宝蔵の公開　春と秋

御影堂（鑑真和上像）の公開　和上命日の六月六日前後の数日間

唐招提寺へのアクセス

所在地　奈良市五条町13－46

交通手段　近鉄橿原線　西ノ京駅下車　徒歩数分

歴史の彼方の押熊──逃げ延びた王──　奈良市押熊町

先祖から聞き伝えとしては、我々の親たちに聞いたのは、忍熊さんちゅう昔の皇族の方が逃げて来られて、その土地へきて、なんか私の名ぁでも残しておきたいちゅうことでですなあ、今の祠《ほこら》のようなものを置いてこられたんだと思います。まああの、祠そのものは、中の小さいんですけどあのう、土塀、昔塀ありましたわねえ、四角い家のねえ、あれがずっと土塀でしてんわ。あの塀になったんはまだ新しいです。それであれだけのものを我々在所の者は、お祀りし、ずっとして来た。やはりあのう、昔の人は偉かったなあと思いますわ。

（『奈良市民間説話調査報告書』）

【伝説探訪】

奈良市押熊町の西端の森に、麛坂王・忍熊王の旧蹟地がある。周辺は宅地開発が進むが、ここは今も田園風景が見られる閑静な地が広がっている。土地の人によれば、押熊は神功皇后に敗れた忍熊王が逃げ延びた地であり、忍熊王の墓として、長く奉られてきた場所である。周辺には麛坂王の名前にちなんだものか、カゴ坂と呼ばれる坂道とカゴ池という池が

麛坂王・忍熊王旧蹟地

押熊八幡神社

ある。

　麛坂王と忍熊王の兄弟は、『古事記』『日本書紀』の神功皇后の事跡を描いたいわゆる神功皇后説話に中に敵役として登場する皇子である。『日本書紀』によれば、二人は父を仲哀天皇、母を大中姫にもつ皇子であり、次の皇位を担う兄弟であった。しかし仲哀天皇の後妻である神功皇后は、夫が亡くなった後、神託により新羅を討ち、皇位はその御子にとの機運が高まる。麛坂王と忍熊王の二人は、年下の神功皇后の御子に皇位を奪われる事を良しとせず、挙兵を決意する。まず、麛坂王と忍熊王は先帝の陵墓と偽り、播磨に行き山稜を明石に築き、戦の準備をする。その後、二人は菟餓野に出て、戦勝を祈り、狩の良し悪しで戦いの結果を占う誓約《うけい》狩りをする。しかし、誓約狩りの最中、突然猪が躍り出て、麛坂王を食い殺してしまう。これをみた忍熊王は誓約狩りの悪い結果を恐れ、この場は不吉とし、軍を住吉に移す。両軍は菟道で対峙するが、忍熊王は武内宿禰に虚偽の和平を申し込まれ、武装解除したところを襲われ敗走する。忍熊王勢は逢坂で捕捉され、狭狭浪の栗林で多く斬られてしまう。忍熊王は追い詰められ、配下の五十狭茅宿禰と瀬田の渡りに沈んだ。後日、下流の菟道河に遺体が見つかる。

　以上が『日本書紀』に記された麛坂王・忍熊王の話の顛末である。『古事記』における香坂（麛坂）王と忍熊王の記述も登場する地名や人名等の違いはあるものの、話の大筋は同様であり、香坂王は猪に食い殺され、忍熊王は琵琶湖に入水し最後を遂げる。しかし押熊の地に伝わる話では、忍熊王は、押熊の地に逃げ延びたことになっている。

押熊の地名は古く、奈良期成立の「大和国添下郡京北班田図」には「忍熊里」、鎌倉期に作られた「西大寺田園目録」には「秋篠押熊原」、江戸期の検地帳等には「押熊村」と記され、古代より現代まで伝えられた古い地名である。押熊の地に麛坂王・忍熊王を奉ったことは江戸期より確認できる。享保二十一年（一七六三）に刊行された『日本輿地通志』の畿内部巻第十三には「押熊村ニ坐ス神廟ニ座　一座ハ押熊神ト稱ス　一座ハ麛坂神ト稱ス」とある。寛政三年（一七九一）成立の『大和名所図会』には「押熊祠　押熊村にあり　祭る所二座」とあり、古くより、麛坂王と忍熊王の兄弟が揃って祭られていたことが窺える。麛坂王・忍熊王の伝承は押熊以外にも福井県の劒神社に伝わる『劒大明神縁起』、兵庫県にある中山寺の縁起である『中山寺縁起』にも見られる。

現在、麛坂王子・押熊王子社は、押熊八幡神社の表参道の右端にある。この押熊八幡神社は『平城村史』によれば、押熊に伝わる行事や、元禄十五年（一七〇二）の宮座記録である「八幡宮四ツ座次第押熊宮座衆」がある事から、元禄の頃に中山から押熊へ分霊が勧請されたとする。また本殿の右手には八大竜王神社があるが、「八大竜王　元禄十三年（一七〇〇）五月十六日」と記された石燈籠があることから、八幡神社より以前に八大竜王神社がこの地に存在していた事が確認できる。これらの事から『平城村史』では八大竜王が押熊の主神であったが、八幡神社の勧請により主客転倒し八大竜王が八幡の末社となったと推測している。ほかにも境内には、本殿右側に祓戸の神を祀り、左側に三社として鹿嶌神社、木花佐久夜神社、市杵島神社を祀る。表参道右側には、松永大明神・秋葉大明神・新火防大明神を祀る稲荷神社があり、表参道左側奥には、こうずいさんが祀られている。前述した八幡

忍熊王子神社例祭

八大竜王神社

神社と同じく、これらの神は勧請等で他所より押熊の地に招かれたものと考えられる。

　押熊八幡神社境内にある解説文には、新火防大明神とこうずいさんがこの地に招かれた詳細が記されている。新防火大明神は、押熊の地の火災が多いことに悩んだ押熊村の有志十二名が明治三十四年（一九〇一）に勧請、以後火事はなくなり、稲荷神社に松永大明神・秋葉大明神とともに祀られ、あつく信仰されているとされる。

　こうずいさんも同じく他所より招かれた神であり、もともと古来より東押熊一〇〇七番地の山林に水の神として祀られ、旱魃の際には神殿前の小池にご神体を沈め、雨乞いし滋雨を授かったが、昭和四十八年（一九七一）平城ニュータウンの開発に伴い、神社の一部に仮安置し、昭和六十一年（一九八六）四月神殿を押熊の地に移し、農耕神・水神として祭祀しているとする。また神社だけではなく、明治以前には境内に宮寺「フクジョウ寺」があったことが『平城村史』にあり、享保九年（一七二四）成立の「和洲御領郷鑑」にある「福成寺」であるとする。

以上のように、麛坂王・忍熊王旧蹟地は、古来より神社や寺院が集中する押熊の聖なる領域にあることがわかる。押熊の人々の願いに応じて、様々な神仏が招かれ、いつしか多くの神々が重層的に祀られる現在の押熊八幡神社の形になったと考えられる。

　八幡神社が勧請される以前は、地域の水を掌る八大竜王神社と、土地と同じ名をもつことから押熊神・麛坂神の二神が祀られていたと思われる。おそらく押熊の聖地の始まりは、土地の守護神として押熊神を祀っていたものが最も古い形であり、押熊の地に多くの神々を祀る根底には、押熊神の存在があったと考えられる。押熊の地に伝わる麛坂王と忍熊王の伝承は、土地の神や、地名と名前を同じとすることからこの地で語られ、押熊の人々により、いつしか忍熊王は、追いつめられ入水する最後ではなく、押熊の地に逃げ延びたという伝説になったと考えられる。

押熊では、四月十八日は忍熊王の命日と伝えられ、村中で蓬団子をつくって農作業を一日休むことからダンゴヤスミとよばれていた。土地の人に聞いたところ、ダンゴヤスミは戦後の食糧難等によりいつしか行われなくなったそうである。またこの日は押熊八幡神社において、午前十時より忍熊王子神社例祭、午前十一時よりこうずいさん（神水社）例祭おこなわれている。忍熊王子神社例祭は江戸時代よりの行事といわれ、忍熊王が古くより押熊の人々に大切にされてきたことが窺える。現在、麛坂王・忍熊王旧蹟地は小高い丘にあり、押熊の集落を一望できる。この地で悲運の死から逃れた押熊王は、兄の麛坂王とともに押熊の人々を見守っている。

（下川　新）

伝説地情報

行事

忍熊王子神社例祭　四月十八日　午前十時より。
こうずいさん（神水社）例祭　同日午前十一時より。

拝観料

無料

押熊八幡神社へのアクセス

所在地　奈良県奈良市押熊町287番地
交通手段　近鉄奈良京都線、大和西大寺駅より、奈良交通バス押熊行に乗換、南押熊下車、細道を東に徒歩5分。

Ⅳ　奈良の郊外を歩く

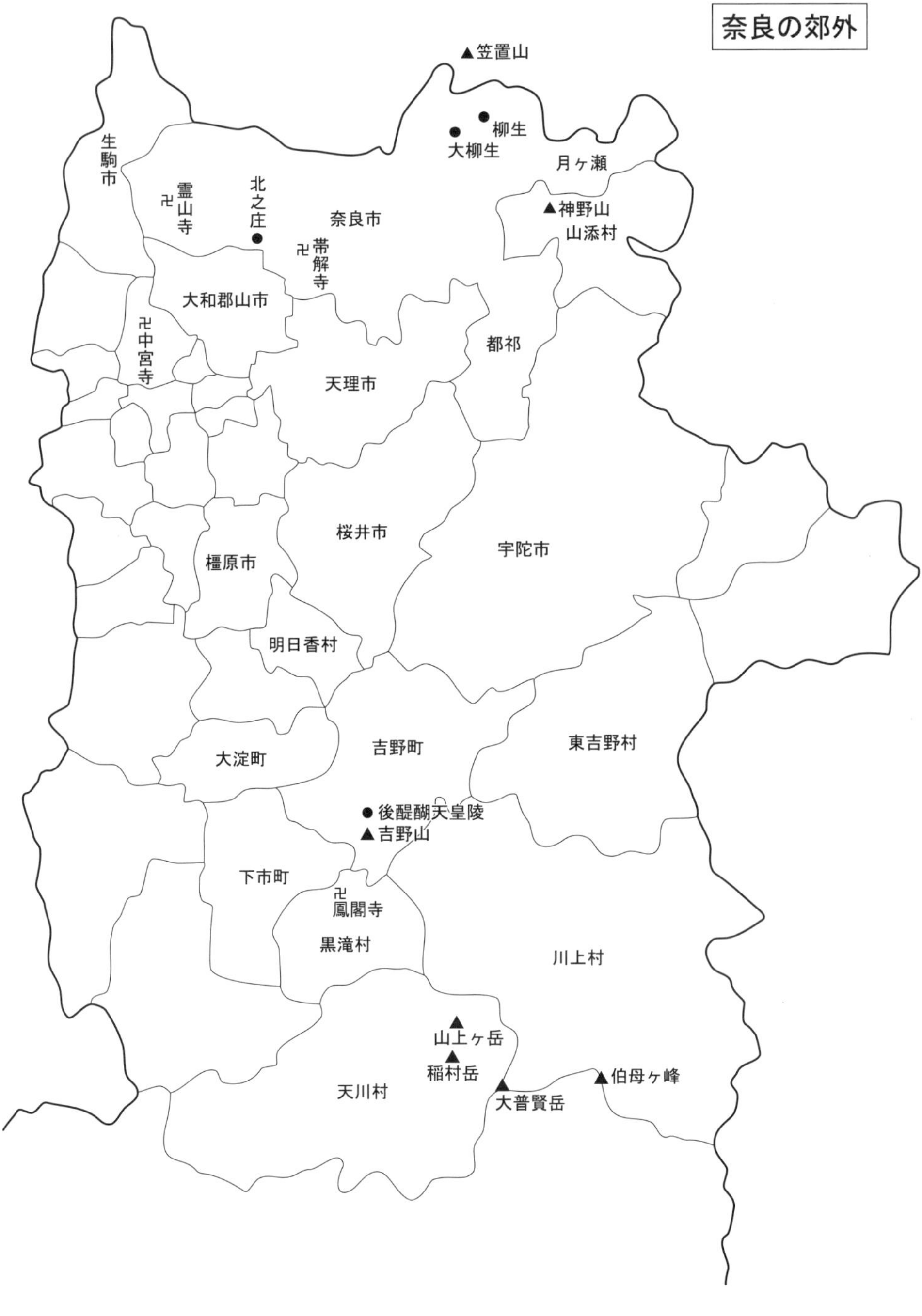
奈良の郊外
笠置山
柳生
大柳生
月ヶ瀬
生駒市
霊山寺
北之庄
奈良市
神野山
山添村
帯解寺
大和郡山市
中宮寺
都祁
天理市
桜井市
宇陀市
橿原市
明日香村
吉野町
東吉野村
大淀町
後醍醐天皇陵
吉野山
下市町
鳳閣寺
黒滝村
川上村
山上ヶ岳
稲村岳
伯母ヶ峰
大普賢岳
天川村

実忠と笠置寺　京都府相楽郡笠置町

天平勝宝三年（七五一）十月、良弁の弟子である実忠和尚が、笠置寺《かさぎでら》の龍穴に入り、北へ一里ばかりを行くと、弥勒菩薩のいる兜率天の内院にたどり着いた。実忠が四十九院、摩尼宝殿などを巡礼していると、そのなかに天人たちが集まって十一面観音の悔過行（罪を告白し懺悔する修行）を勤修する常念観音院という場所があった。これを見た実忠は、この行を人間界でも行うことを願ったが、天人たちは「兜率天の一昼夜は人間界の四百年に相当し、また行のきまりも厳しく、日々千回の行道を怠ることなく勤めなくてはならないため、人間界でこの行を修めることは難しい。また、この行のためには、生身の観音を本尊となさねばならないため、人間界では不可能である」と難色を示した。しかし実忠が「勤行の作法を速め、走って行うことで千回の行道を満たし、誠を尽くして生身の観音を勧請すれば、可能なのではないか」と懇願したところ、この悔過行を人間界に伝えることを認められた。

実忠はその後摂津国難波津に行き、観音菩薩のいる南方の補陀洛山に向かって香花を盛った閼伽の器を流して、生身の観音を勧請したが、そのまま戻ってきてしまった。しかし、これを百日続けていたら、ついに生身の十一面観音が閼伽の器に乗って来られた。実忠はこれを現在の二月堂に安置した。

（『二月堂縁起』）

笠置寺の千手窟

【伝説探訪】

「お水取り」という通称で知られている東大寺二月堂の修二会は、火の粉を散らす「お松明」の勇壮なイメージとともに、奈良に春の訪れを告げる行事として有名である。この伝説にもとづいて、天平勝宝四年（七五二）、実忠がこの行を初めて以来、一度も絶えることなく続いていると言われている。

この行事の由来を伝える『二月堂縁起』は室町時代の絵巻物であるが、そのルーツとなる東大寺の十一面観音悔過行は、実忠が活躍した奈良時代まで遡ることができる。実忠が八十五歳の時に自身の業績について列挙した「東大寺権別当実忠二十九箇条事」が現存しており、そこには実忠自身の手で「十一面悔過事に奉仕」した旨が記されている。正倉院文書にもそれを裏付ける記録が残されているので、実忠がこの頃、現在の修二会につながるような法会に参加していたことは間違いない。ただし、この行事を実忠が創始したという記事はなく、それ以前から行われていた可能性もある。いずれにせよ、非常に古い行事であることはまちがいない。

またこの伝説では、修二会における「走りの行」と、本尊の十一面観音の由来を伝えているが、平安時代後期の『七大寺巡礼私記』には、堂衆が激しく「南無観」と唱えながら十一面観音像の周りを走り、体の弱いものは気を失って倒れてしまう、という厳しい行の様子を伝えている。

さて、伝説の冒頭に出てくる笠置寺は現在、京都府に所在しているが、鎌倉時代の興福寺の学僧である解脱房貞慶が中興したことからもわかるように、文化圏としては南都（奈良）に属する地域である。この地域には、やはり貞慶とゆかりの深い海住山寺など、周辺の寺院にも良弁開基とされる寺院が多く、聖武天皇が一時遷都した恭仁京も近くにあり、伝説に登場する良弁や実忠、そして東大寺にも関連が深い。

笠置寺の創建については『今昔物語集』に次のような説話がある。

天智天皇の子である大友皇子が、山城国相楽郡の山中で馬に乗って鹿狩りをしていると、断崖絶壁で身動きがとれなくなってしまった。皇子が山の神に「もし自分を助けて下さったら、この岩の脇に弥勒菩薩の像をお刻み申しましょう」と誓願したところ、助かることができた。皇子は次に来る時の目印として、かぶっていた笠をその場に置いていった（「笠置」の由来）。数日して皇子は弥勒像を刻む岩のふもとに来てみたが、雲をつくような絶壁でとても彫れそうにない。すると、歎いていた皇子を哀れんだ天人が現れ、弥勒像を刻んだという。それからだいぶ時が経ってから、良弁僧正がこの像を見つけ、ここでの行が始まったと伝えられている。

以上が『今昔物語集』に収録された説話であるが、天人が刻んだという弥勒菩薩像は、南北朝時代、この寺を居城とした後醍醐天皇の軍勢に鎌倉幕府軍が攻め込んだ際、戦火によって表面が剥離したため、今では写真のような姿をとどめるばかりである。往時の弥勒菩薩像の姿は、『笠置寺縁起絵巻』に描かれたものや、この像を模刻したとされる当尾の石仏から想像するほかない。しかしながら、この山が古くから弥勒信仰の霊場として聖俗の信仰を集めていたことは、様々な記録から確認できる。

そしてこの磨崖仏と対面するように建てられているのが正月堂である。ここでは、初めてのお水取りが行われたと言われている。東大寺に二月堂、三月堂があるのに正月堂がないのは、この笠置寺の正月堂があるためであると信じられている。

笠置寺の弥勒磨崖仏

ところで弥勒信仰には大きく分けると上生信仰（転生や瞑想で兜率天に行き、弥勒菩薩から教えを受けたいという信仰）と下生信仰（弥勒が仏としてこの世界に降臨するという信仰）の二系統があるが、『二月堂縁起』の説話は上生信仰の系統である。弥勒信仰や阿弥陀信仰を含む、仏・菩薩にお会いしたい、お姿をこの目で拝みたい、という信仰は観仏信仰とも呼ばれるが、インドからシルクロードを通って日本にも伝わっている。観仏において重要なのが悔過行であり、実忠が悔過行を行うために難波津で生身の十一面

笠置山上より木津川を望む

観音を勧請したという説話は、観仏信仰の典型を踏まえていると言える。

これに関連して、長谷寺（桜井市）の有名な十一面観音像や吉野の比蘇寺（現在は遺構のみ）にあったという阿弥陀像は、海岸に流れ着いた霊木から作られた、という伝承があることを指摘しておきたい（『日本霊異記』『今昔物語集』など）。これらは『二月堂縁起』の海を流れてきた観音の説話と類似している。

また、笠置寺の麓を流れる木津川に関しても興味深い伝説がある。

奈良時代、木津川は重要な交通路であり、東大寺の大仏殿を建てるための材木もまた木津川を使って奈良まで運ばれていた。ある時、日照りによる水不足で材木が運べなくなったが、実忠が千手窟に入って雨乞いをしたところ、雨が降って水かさが増し材木が無事運べたという…。

この伝説に似た話として、大仏殿の材木を運ぶ際の障害となっていた木津川の巨岩を、良弁が千手の秘法によって雷をおこし打ち砕いてしまった、というものもある（『山州名跡志』）。

良弁や実忠が東大寺の創建に大きく関与していたこと、特に実忠の場合、自らが職人を率いて山へ材木を伐採しに行ったり、工事を担当したりしていた記録があるが、資材を輸送するための交通の要衝であった笠置寺と実忠との結び付きは、このあたりの事情も関係しているのかもしれない。龍が雨を降らせたり雷を起こしたりすると信じられていたことを思い出せば、先の『二月堂縁起』で実忠が「龍穴」に入ったとされることとの関連性にも気づくであろう。

経典によれば、弥勒は五十六億七千万年後に竜華樹下で悟りをひらくと言われており、このようなことからも弥勒と龍との関連が想起されたかもしれない。
『二月堂縁起』の伝説からは、笠置寺の持つ重層的で豊かな信仰の世界が、東大寺の創建において大きな役割を果たしていたことが想像されるのである。

（師　茂樹）

虚空蔵菩薩の磨崖仏

伝説地情報

見どころ

弥勒菩薩のほか、虚空蔵菩薩の磨崖仏もある。寺域全体が修験道の行場となっており、後醍醐天皇の遺跡も残されているので、山歩きを楽しむことができる。特に秋の紅葉は見事。ふもとにはわかさぎ温泉・笠置いこいの館があり、温泉が楽しめる（入浴料・大人八〇〇円）。周辺には海住山寺、山城国分寺跡（恭仁京跡）、浄瑠璃寺、岩船寺など、古刹も多い。特に、浄瑠璃寺・岩船寺のある当尾《とおの》は奈良仏教の影響を受けた石仏の里として知られ、笠置寺の弥勒磨崖仏を模写したとされる石仏もある。笠置寺の歴史を知るには、次の本がおすすめ。

『笠置町と笠置山―その歴史と文化』（笠置町）

小林義亮『笠置寺激動の1300年　改訂版―ある山寺の歴史』（文芸社）

笠置寺へのアクセス

所在地　京都府相楽郡笠置町笠置山29

交通手段　JR笠置駅から徒歩約1時間（山を登るのでハイキング程度の服装が望ましい）。自動車の場合、山上に駐車場があるが、道は狭い。

猿沢池と室生　奈良市登大路町・宇陀市室生区室生

昔、猿沢池に龍がいたが、采女がこの池に身を投げたので、春日山の奥に移った。そこへ下人が死体を捨てたので、龍は室生の龍穴にすまいを移したという。春日山の香山神社は、龍の遺跡と呼ばれている。

（『大和の伝説（補訂版）』）

室生の高僧賢俊僧都が竜王の生身を拝みたいと竜穴に入ると、ずっと奥に宮殿があって、一人の男が現われ、「ここでは会うことができないから三丁ほどさきで会おう」と言った。僧都が穴を出ると、龍王が荘厳な衣冠姿で腰から上を水面に現わした。僧都が伏して拝むと間もなく龍王は姿を消した。そこで僧都は龍王の像を刻んでまつった。それが龍穴神社で、以来ここに雨乞いをすれば、たちまち龍穴の上に黒雲たなびき大雨が降ったという。

（『奈良県史　第十三巻　民俗（下）』）

現在、猿沢池のすぐ傍の古い商店で話を聞いても「龍?それは知りませんなあ。お月見の晩に浮かべる船が龍の形ですけどなあ。観光センターに行かはったらどうですか?あそこやったら本もありますし」。「龍の話やったら池のまわりにある看板を見て下さい」とやや拍子抜けた返事が返ってくる。

猿沢池

龍の話は地元の伝承と言うよりは『古事談』や『宇治拾遺物語』、近くは芥川龍之介が『宇治拾遺物語』に取材した短編小説「龍」によって知られているというのが実態ではなかろうか。

むしろ民間の伝承として興味深いのは、その龍が住みかを移したという室生地区の言い伝えである。室生龍穴神社の宮司神田政亮氏によれば、現在七、八十歳の方は子供の頃「池で遊んでいると猿沢池まで引き込まれる」と言われたというのである。

【伝説探訪】

・猿沢池（奈良市登大路町）

『興福寺流記』に「猿沢池龍池事……寺ノ南辺ニ龍池有リ」、また「金堂……此下ハ善女龍王ノ龍宮ナリ。」とあり、興福寺の金堂の下は龍宮で猿沢池が龍池であるという信仰のあったことがわかる。その猿沢池に采女が身を投げたという話は『大和物語』、『枕草子』などで有名であるが、この池と龍にまつわる話として最も興味深いのは『宇治拾遺物語』である。

これも今は昔、奈良に蔵人得業恵印《えいん》という僧がいた。鼻が大きくて赤かったので、「大鼻の蔵人得業」と言ったが、後には、長々しいので、「鼻蔵人」とだけ言った。さらに後々には、「鼻蔵、鼻蔵」とだけ言った。

その僧が若かった時、猿沢の池のほとりに、「某月の某日、この池より龍昇らんとするものなり」という立札を立てた。それを見て、往来の者は、「若者も年寄も、しかるべき人まで、「見たいものだ」と、ささやきあった。この鼻蔵人は、「ああおもしろい。自分のしたことを人々が騒ぎ合っている。ばかな話だ」と、心の中でおかしく思うが、黙っておいてやろうと、知らぬふりをして過ごしているうちに、その月になった。およそ、大和《やまと》、河内《かわち》、和泉《いずみ》、摂津国《せっつのくに》の者までが、この話を聞き伝えて集まった。恵印は、「どうしてこんなに集まるのか、何かわけがあるのだろうか。妙なことだ」とは思うが、素知らぬふりをして過ごしているうちに、ついにその日になった。道も通れないほど押し合いへし合い人々が集まる。

室生龍穴神社

その時になって、この恵印は、「ただ事ではなさそうだ。もとは自分がしたことであるが、何かわけがあるのだろう」と思って、「本当に龍が昇るのかもしれない。おれも行って見よう」と、顔をかくして出かけた。人ごみでおよそ池の近くに寄りつけそうにもないので、興福寺の南大門の壇の上に登り立って、「龍が今や昇るか、今や昇るか」と待っていたが、どうして昇るはずがあろうか。やがて日も落ちた。

いたずら心から「〇月〇日、この池から龍が登る」という立て札を立てた若い僧侶が、その札を信じて大群衆が集まったのを見て、「これは本当に龍が登るかもしれない」と思って見物の側に身を置いてしまうという人間心理の妙を突いた話である。この話は高等学校の教科書にも載ったことがあるので、お読みになった方も多いのではなかろうか。

ところがこの話も芥川龍之介の筆にかかれば、

恵印がそこへ来てから、やがて半日も過ぎた時分……天を傾けてまっ白にどっと雨が降り出し……神鳴も急に凄じく鳴りはためいて、絶えず稲妻が梭《おさ》のように飛びちがうのでございます。それが一度鉤の手に群る雲を引っ裂いて、余る勢に池の水を柱の如く捲き起したようでございましたが、恵印の眼にはその刹那、その水煙と雲との間に、金色《こんじき》の爪を閃かせて一文字に空へ昇っていく十丈あまりの黒龍が、朦朧として映りました。……（恵印が尋ねたところ叔母の尼は）「見たともの、見たともの、金色の爪ばかり閃かいた、一面まっ黒な龍神じゃろが」と答えるのでございます。……その日そこに居合わせた老若男女は、大抵皆雲の中に黒龍の天へ昇る姿を見たと申す事

でございました。（芥川龍之介「龍」より）

という話になる。人間の心理は人間に龍の姿を見せるのである。芥川はさらに宇治大納言隆国にこう語らせる。

「……昔は世間の人間も皆心から水底には、龍が住むと思うておった。さすれば龍もおのずから天地の間に飛行して、神の如く折々は不思議な姿を現したはずじゃ。……」

・室生龍穴神社と龍穴

室生龍穴神社は十世紀の神社リストにも載っている古社である。現在の祭神は高龗神《たかおがみのかみ》で天児屋根命《あめのこやねのみこと》、大山祇《おおやまずみの》命《みこと》、水波能売命《みずはのめのみこと》、須佐之男命《すさのおのみこと》、埴山姫命《はにやまひめのみこと》を配祀する（「室生龍穴神社由緒略記」）。創建年代は定かではないが、宝亀年間（七七〇～七八〇年）、東宮（皇太子）の病気平癒祈祷が室生の山中で行われた記録があり（『宀一山《べんいちざん》年分度者奏状』）、『日本紀略』弘仁八年（八一七）六月二日条に「律師伝燈大法師修円を室生山に遣わし、雨を祈る」、同九年七月十四日条に「使を山城の貴布禰神社、大和国室生山上の龍穴等の処に遣わし雨を祈る」と見える。『日本三代実録』貞観九年（八六七）八月十六日条には「大和国従五位下榁生龍穴神正五位下」とあり、少なくとも八六八年をさかのぼる時期には神階の授与があったことがわかる。

『宀一山記《べんいちさんき》』（鎌倉時代）には、妙吉祥龍穴、遮羅夷吉祥龍穴、持法吉祥龍穴の三つの龍穴が記録されている。現在室生龍穴神社で紹介している龍穴は、神社の後方約五百メートル（道のりにして、一、五キロ）のところのものである。昼なお暗いところであるが、龍穴の右手より流れる招雨瀑の白さが神秘の雰囲気をかもし出している。

「雨乞い」は、どんな日照りにも涸《か》れない山奥の池など

龍穴

招雨瀑

「水」を感じさせる場所で行われるものである。実際に林道から室生龍穴に降りようとすると、雨天でもないのに階段は水浸しである。普段なら靴がぬれるということは決して愉快なものではない。しかしその場では靴を濡らすであろうその水溜まりが水神の存在を感じさせる。龍穴に向かう気持ちは否が応でも高揚する。

龍穴とその近くを音を立てて流れる真っ白な「招雨瀑」。鬱蒼とした真昼の闇の中でそれらを見たとき、私たちは水というものがこれほどまでに神々しい姿となって太古からここに存在しているということに粛然とさせられる。

猿沢池で有名な行事は、毎年仲秋の名月の日に行われる采女祭である。午後四時半、秋の七草で飾った花扇をひいた稚児や、十二単の花扇使と姉妹都市郡山市のミスうねめが市内をねり歩く。その後七時から、花扇や花扇使をのせた管絃船が猿沢池にくり出され、池を回った後、花扇を水面に浮かべる。

（奈良市経済部観光課編『奈良の年中行事』より）

室生龍穴神社の例祭は十月十五日に近い日曜日（以前は旧九月十五日であった）。渡御の行列は室生寺の太鼓橋に集合し、祭りの代表役員が室生寺表門から本坊の表書院へ同寺住職を迎えに行く（七度の使）。それに応じて住職が赤門に出座。ここで住職と当屋との三々九度の盃事がある。室生寺境内へ入った行列は赤門前を通り金堂横の天神社へ到着。龍穴神社宮司が天神社に参拝し、獅子舞の奉納がある。その後行列は天神社を発し、室生寺住職がみまもる中、ふたたび赤門前を通って太鼓橋へ。午後一時ごろに太鼓橋を出て、二時前には龍穴神社につく。また、例祭の約一週間前に室生寺天神社の拝殿前の菩提樹に龍をかたどったとつたえられる勧請縄をかける神事がおこなわれる。このように室生寺との深いつながりを残す祭りである。なお、勧請縄は例祭の前日に龍穴神社鳥居より約一五〇メートル前方の杉の木にもかけられる。どちらの勧請縄にもおびただしい数の紙垂《しで》と龍の鱗とも言われる紅葉の葉がつけられる。カキ、クリ、餅、サトイモ（昔はマツタケも）を竹ひごにさし、それらをズイキイモにとりつけためずらしい形の神饌や、やっこ姿の装束などが興味深い。祭典終了後、御供まき（餅まき）が行われる。

（藤原享和）

伝説地情報

みどころ

女人高野として有名な室生寺は室生龍穴神社から約一キロ。平成十年九月の台風で被害を受けた国宝五重塔の修復が終わり、美しい姿を見ることができる。

拝観料はいずれも不要

お土産

萬々堂通則　ぶと饅頭（春日大社の神饌「ぶと」をもとに同店先々代が創作）十個入二三一〇円

奈良市橋本町34（猿沢池東北畔の采女神社より三条通を西へ徒歩約2分、もちいどの通を南へすぐ）

猿沢池へのアクセス

所在地　奈良市登大路町内　　交通手段　近鉄奈良駅より徒歩約10分

室生龍穴神社へのアクセス

所在地　宇陀市室生区室生1297番地　　交通手段　近鉄室生口大野駅下車、奈良交通バス室生寺行きに乗車し終点で下車（約15分）、そこから徒歩約15分（ただし、自家用車の方が便利）

龍穴は室生龍穴神社から徒歩約20分（自動車で近くまで行ける）

神野山・天狗さんの石合戦

山辺郡山添村大字伏拝

昔、大和の神野山《こうのやま》と、伊賀の青葉山《あおばやま》には天狗が住んでいた。神野山は当時岩も芝生もないはげ山で、神野山の天狗は青葉山をいつも羨ましく思っていた。あるとき、ささいなことで神野山の天狗と青葉山の天狗が喧嘩を始めた。神野山の天狗が青葉山の天狗を非常に怒らせたので、青葉山の天狗は盛んに岩を神野山にむかって投げつけた。神野山の天狗は弱いふりをして放っておいたので、青葉山の天狗はそれにつけ込んで手当たり次第に自分の山の石塊や草木を投げた。そのため、喧嘩が終わったあと青葉山は岩も芝生もなくなり、はげ山になってしまった。一方、神野山には石塊が集まって鍋倉渓《なべくらけい》になったり、山頂が芝生になったりして、きれいなよい山になった。神野山は今でも鍋倉渓やツツジの名所として名高く、地元に親しまれている。

【伝説探訪】

名阪国道神野口インターからすぐ、奈良市内からは県道八〇号線を東へ三十分ほど。大和高原のほぼ中央に標高約六二〇メートルのなだらかな山がある。神野山である。山の周囲

鍋倉渓

は茶畑が広がり、大和茶の産地として知られている。山全体が「フォレストパーク神野山」として、小一時間もあれば往復できるハイキングコースになっており、休日には家族連れでにぎわう。

神野山は秀麗な山姿や初夏に咲き誇るツツジの見事さなどから地元では古くから親しまれ、信仰の対象となっていたようである。訪れる人の目を驚かせるのが、山の東北に広がる「鍋倉渓」（または鍋倉谷）だ。幅十メートル、長さおよそ六〇〇メートルにわたって真っ黒な大小の岩が、まるで溶岩流か河のように連なった、全国的にも珍しい奇観である。固い角閃斑糲岩《かくせんはんれいがん》の部分が浸食によって表面化したものだといわれ、昭和三十三年には県の名勝に指定された。

神野山から生駒の山並みを望む

この奇観は、地元では天狗同士の喧嘩で石が投げ込まれた「天狗の石合戦」の跡として知られている。この伝承は地元では大変よく知られているが、それだけに却って異同も多く、地域によって様々な伝承が語られているようだ。

たとえば神野山の天狗が争った相手を「伊賀の青葉山の天狗」ではなく「青山の天狗」や「天狗山の天狗」だと語る地域もある。青山は青葉山の別称と思われるが、青山高原のことだとも考えられる。また、神野山から見ると反対側の「生駒山の天狗」や「一体山の天狗」と争った、と伝える地域もあるようだ。ほとんどが、天狗さん同士の喧嘩を原因に鍋倉渓の由来を語るものだが、「生駒山の天狗」と「神野山の天狗」とが争い、落ちた石が集まって「一体山」になった、と語る地域もある。ちなみに、一体山、生駒山の地質は神野山と同じ角閃斑糲岩であり、良質の庭石が産出するという。

天理大学の斎藤純氏によれば、相手を生駒山と語る伝承地は一体山の西側と山麓、一体山と語るのは一体山東側から神野山まで、青葉山と語るのは神野山周辺から青葉山まで、とそれぞれの地域から見える山を神野山の相手に選んでいる傾向が見られるという（『奈良市民間説話調査報告書』）。神野山山頂の展望台に登ると、三百六十度に視界がひろがり、伝説の山々が一望できる。周囲を山に囲まれた神野山ならではの光景であり、伝承の背景にはこのような地理条件が大きいようである。

あるいはツツジの名所としての由来につながる話もある。神野山の天狗と青葉山の天狗が喧嘩をし、青葉山の天狗は羽内輪と隠れ蓑を差し出して降参したが、神野山の天狗も負傷して血を流し、それから神野山はツツジの名所になったという（知切光歳『図衆天狗列伝〈西日本編〉』）。また、神野山の天狗が勝ったことを村人たちが祝い、山に登ってごちそうを振る舞った、という話もある（『やまぞえ双書　村の語りべ』）。

この地方にはかつてツツジの咲く九十八夜に「神野山参り」といって山麓の村から人が集まり、山頂で一日宴をする慣習があった。右の伝承も「神野山参り」の由来に結びつけられたものだろう。「神野山参り」の起源や由来ははっきり伝わっていないが、確認できる記録では、明治二十年に山の景観を保つためツツジの補植を行ってから花見が盛んになったという。現在は五月三日の「つつじまつり」として伝統が続いている。

あるいは、戦時中には出征者の無事を祈って山参りをした人もいるという。参拝者は特に天狗さんを意識したわけではなかったようだが、全国的に見て天狗が戦勝祈願や弾除け信仰の対象となる例は多い。ここでも天狗信仰との関わりが推測できる。

神野山には他にも天狗の伝説が残っている。そのうちのひとつは、山添村の他惣治という男が天狗に見込まれて三

神野山の烏天狗像

日三晩、天狗飛切りの術を伝授されたというものだ。術を覚えて帰ってきた他惣治はすっかり容貌が変わり、七里ちかく離れた奈良へも一刻ほどで往復できるようになっていたという。他惣治の話は石合戦ほど知られているわけではないが、先の青葉山の天狗との喧嘩の原因を、他惣治をとりあったためだ、と語る伝承も残されている（前掲『やまぞえ双書　村の語りべ』）。神野山中腹の神野寺境内には、今も天狗たちが飛行術を学ぶために使ったという「天狗杉」が残る。他惣治天狗もきっとこの杉を使ったのだろう。神野寺は行基の創建と伝える興福寺系統の古刹である。平安初期の高僧、徳一が修行したという説もあり、神野山も古くから信仰地として知られていたようである。

　ところで山添村では地元ボランティアを中心に伝承の保存、普及が熱心に行われている。その成果が昭和六十三年に神野山天狗研究会が発刊した『神野の民話』（井久保博利編著、今西悌三絵）や平成十九年発刊の『ふるさと民話集』（代表、今本泰啓）である。『神野の民話』によると、神野山の天狗はあらゆる生物、人類の発生、豊穣を祈る「豊穣鳥天狗（どんずりぼう）」で、神野山の祖とされる加具土の神とも同体とされる。また同書には、神野山山頂近くにある「天狗岩」で写真をうつすと、岩と岩との間に「どんずりぼうの霊」があらわれるという話も紹介されている。神野山はまさに天狗さんの山なのである。

山添村の子ども110番

　現在も山添村では烏天狗をモチーフにしたキャラクターを山の案内役に設置したり、防犯ポスターとして採用したり、地域をあげて神野の烏天狗に親しんでいる。

（久留島元）

伝説地情報

行事
五月三日、四日「つつじまつり」十時〜十五時

関連施設　森林科学館　駐車場（二〇〇台）
問い合わせ　0743−87−0548
神野寺　駐車場（三〇台）

神野寺（真言宗豊山派）は天平二年（七三〇）行基による創建と伝え、陽成天皇など歴代天皇の信仰のあった古刹。銅造の菩薩半跏像（伝如意輪観音像、現在は奈良国立博物館寄託）は飛鳥様式の古仏で、国指定重要文化財。神野寺から山頂までは車でもあがれるが、道が狭いため五月初旬の観光シーズンは各駐車場を利用されたい。

神野山へのアクセス
所在地　奈良県山辺郡山添村大字伏拝
交通手段　名阪国道神野口インターから神野山方面へ3・6キロメートル。奈良市内からは県道八〇号線が便利。

大柳生の太鼓踊り　奈良市大柳生町

山口神社の森は「こうのもり」と呼ばれている。古くは神功皇后の御陵と伝えられ、毎年八月に行なう太鼓踊りは、神功皇后が三韓征伐からがい旋された時、祝いのために踊ったものという。

（『大和の伝説（増補版）』）

【伝説探訪】

大柳生は、奈良市の東部、柳生街道沿いの集落で、阪原と忍辱山《にんにくせん》の中程に位置する。白砂川右岸の上出・塔坂・下出垣内、左岸の大西・下脇・上脇垣内の六垣内からなり、コウノモリ（神野森）に鎮座する夜支布《やぎゅう》山口神社（祭神　素戔嗚尊）を祀っている。元々コウノモリは、夜支布山口神社の摂社になっている立磐《たていわ》神社が鎮座する森であり、夜支布山口神社は、後に上出垣内の字山口から移されたものであるといわれている。

大柳生では、毎年八月十七日の夜に、「太鼓踊り」が奉納されてきた。

太鼓踊りは、平成十八年までは、上出垣内、塔坂垣内（塔坂・下出垣内が一緒に踊る）、西側（上脇・下脇・大西垣内が一緒に踊

太鼓踊

勇壮な中躍り

る）に分かれて伝承され、その年の明神さんのいる垣内の人が明神さんの家の庭で踊りを奉納するならわしになっていた。例えば、明神さんが上出垣内の人であれば上出垣内の人が、大西垣内であれば西側の人が踊ることになる。「明神さん」とは、夜支布山口神社の分霊である「廻り明神」を一年間お祀りするトウヤのことである。明神さんは、十一月一日の「とわたし」でトウヤを受けると、廻り明神のご神体の箱を座敷の天井に棚を設えて祀り、精進潔斎の生活を守って一年を過ごす。太鼓踊りは明神さんに奉納される芸能で、家の庭先で盛大に行われた。現在、太鼓踊りは、八月十七日前後の土曜日に、トウヤ行事とは関わりなく、大柳生太鼓踊り保存会の人々によって、営農組合交流館広場で行われている。

太鼓踊りの役は、中踊り八人、大太鼓打ち四人、歌上げ数人、笛数人、鉦一人、口上係一人である。中でも、中踊りは、黒襦袢、手甲、脚絆の出で立ちで、背にシナイ（御幣、造花、檜を鉋で薄く削って束ねたもので作った飾り物）を背負い、胸に鞨鼓をくくりつけて勇壮な踊りを見せる、太鼓踊りの花形である。

太鼓踊り当日の夕方頃、御神燈、幟を先頭に、瓜・酒のお供え物を持つ人、大太鼓を運ぶ人、そして太鼓踊りの人たちが会所前から広場までお渡りをする。広場に着くと大太鼓が据えられ、太鼓踊りの人たちは踊りの隊形に並ぶ。踊りに先立って、口上係が大太鼓の上に乗り、踊りを奉納することとその由来について口上を述べる。口上が終わると太鼓踊りがはじまる。大太鼓打ちは、大きな所作をしながら一節ずつ交代で大太鼓を打ち、その拍子に合わせて、中踊りが鞨鼓を打ちながら激しい所作で踊りを踊る。踊りの曲は、各垣内とも三曲を伝承している。上出垣内は「大じゅんやく」「大ぜん踊り」「忍び踊り」、塔坂垣内は「大神踊り」「忍び踊り」「小じゅんやく」、西側が「屋敷踊り」「山伏踊り」「若武者踊り」である。平成十九年以降は、それぞれの垣内の伝承曲から一曲ずつ選び、三曲が奉納されている。踊りの所用時間は一時間ほどである。今は太鼓踊りしか行われないが、かつてはこの後、盆踊りと相撲が行われ、夜明けまで賑わいが続いたものである。

大柳生の太鼓踊りには、「凱旋踊り」であるという伝承がある。『大和の伝説』には、神功皇后が三韓征伐から凱旋した時に踊ったという伝説が載せられている。三韓征伐の話とは、記紀によると、「仲哀天皇の后だった神功皇后は、天皇と共に熊襲征服に向かうが、天皇が香椎宮で崩御する。神功皇后は懐妊中だったが武内宿彌とともに新羅に出兵し戦勝をおさめ、筑紫で出産する。この時の子供が、後の応神天皇である」というもので、こういった神功皇后の伝説は各地に残されている。例えば、大阪市住吉区に鎮座する住吉神社では、毎年住吉踊りが奉納されているが、住吉踊りの由来として、神功皇后が三韓征伐から帰国した折り、泉州の住人が笠をかぶって「吉師舞」を舞って戦勝を祝ったのが始まりだとされている。

現在、大柳生の古老からは、豊臣秀吉が「朝鮮出兵」(文禄・慶長の役をさす)から帰った時に凱旋のお祝いで踊った、という話を今も聞くことができる。

豊臣秀吉の名は、太鼓踊りの始めに述べられる「口上」にもでてくる。次に、「廻り明神」のトウヤの祭りだった頃の「口上」の全文をあげよう。これは、平成十六年に行われた塔坂垣内の太鼓踊りの口上である。垣内ごとに若干言い回しが異なっているが、内容はどの垣内

太鼓踊 (平成20年)

口上をよむ（平成16年）

もほぼ共通している。

太鼓踊神前奉納の辞

謹んで、太鼓踊奉納の由来を申しあぐれば、本年、当町廻り明神、当屋主〇〇〇、七十有余歳にして、目出度く本日の盛儀を執行せらるるに当たり、塔坂垣内中より古例に依り、此の踊を奉納し神霊を慰め奉らんとす。抑も、此の踊の起りは、審詳かならざれども、伝え聞くに、人皇第百代後小松天皇の御代、応永年間、今を去る六百二年前に足利三代将軍義満が武門の祝意を表わすに太鼓を以て踊を添えたるにより始まるという。以来、人皇第百七代、後陽成天皇御代、文禄年間、今を去る四百年前、豊臣太閤秀吉が隣邦を征服して伏見桃山に凱旋した時此の踊を以て祝したると云う。以降、人皇第百八代、後水尾天皇の御代、今を去る参百七十二年前、神と白し五畿内に此の踊りが流行し、富田大和守が大和の地に伝えられ此の村にと伝え残され、今日の盛典の大前に奉納し、天下泰平、五穀豊穣、村内安全、御当家の繁栄を祈り奉祝せんとす。

さあ踊子一同御用意なされ候や　さあ踊子一同御用意なされ候や

この口上によれば、応永年間（一三九四～一四二八）に、足利義満が武門の誉れのために太鼓踊りを踊ったのがはじまりという。さらに、文禄年間（一五九二～一五九六）に、豊臣秀吉が文禄の役の凱旋祝いとして踊った。また、後水尾天皇の御宇（在位一六一一～一六二九）には、五畿内に踊りが流行し、「富田大和守」が大和の地にこの踊りを伝え、それが大柳生に伝承されたという。

「凱旋踊り」だという伝承については、かつて古老から次のような聞き取りをしたことがある。

「大柳生の太鼓踊りは、塔坂垣内の踊りが『戦に出て行く時の踊り』、上出垣内の踊りが『戦まっ最中の踊り』、西側の踊りが『戦にでて勝って帰った時の踊り』だと聞いている。昭和六年の満州事変の後、第三八聯隊の人が帰って来たときは、呼ばれて踊りに行った。」

豊臣秀吉の朝鮮出兵の時の凱旋の踊りだという太鼓踊りの由来に関わる伝承が、大正、昭和の時代にも生きていて、戦争時に実際に「凱旋踊り」として踊られていたのは興味深いことである。


（佐々木聖佳）

伝説地情報

名所
夜支布山口神社・摂社立磐神社
立磐神社の社殿は春日大社の御造替の後に譲り受けたもので、国の重要文化財に指定されている。トウヤの家から神社、御旅所までお渡りがある。「ガクウチ」という田楽系の所作事と相撲が演じられる。

行事
太鼓踊り　八月十七日前後の土曜日。（年によって変わるので事前に確認が必要である。）。夕方より営農組合交流館広場にて行われる。
夜支布山口神社の秋祭り　十月十八日直近の土曜日
問い合わせ先　奈良市観光センター（0742−22−3900）

見どころ
六月中旬ごろ、大柳生の白砂川一帯に蛍が乱舞する。

大柳生へのアクセス
所在地　奈良市大柳生町
交通手段　大柳生へは、近鉄・JR奈良駅より、奈良交通バス「邑地中村」行き、「柳生」行き、「石打」行きのいずれかに乗車し、「大柳生」にて下車。40分。七八〇円

龍腹寺伝説地帯　奈良市北之庄町

北の庄に龍腹寺というのがある。昔、大旱魃があって、村人が集まって、僧をよんで雨乞いをした。僧は法華経をよんで祈祷をした。人々がみな帰っていった後、龍宮の龍がひとりの老翁と現れ、僧に向かって、

「龍女成仏の文は、誠にありがたく、心肝に徹しました。このお礼に雨をさし上げます事は、おやすいことですけれども、わたくしは元来小龍の身で、大龍の許しを得ないで雨を降らせると、命を取られまする。しかし、人々のお気の毒なありさまを見るに忍びませんから、断然わが命をすてて、雨を降らせましょう。後生菩提のことは、講師にお任せ申しあげまする。」

と言い終わったかと思うと、たちまち黒雲が下がって来て、老翁は雲に隠れてしまった。そして村人は、したたかの雨に喜び合った。

やがて、雨が晴れると、にわかにすさまじい物音と共に、なにやら天から落ちて来た。驚いてよく見ると、一つの龍が三つに切られて死んでいるのであった。村人はかの小龍の志をかなしみ、その死体を三か所に葬り、菩提を弔うために三

北之庄公民館

つの寺を建て、それぞれに龍頭寺・龍尾寺・龍腹寺と名づけた。この寺は、すなわちその腹を葬ったあとであるという。

（高田十郎編『大和の伝説（増補版）』）

【伝説探訪】

北の庄の龍腹寺は、現在は奈良市北の庄の公民館の中にあって、観音様がご本尊として祭られている。毎月、尼講が行われており、龍が天から落ちてきたという話は、よく知られている。この話の要点は、旱ばつで苦しむ人々を救った小龍が、大龍の意向を無視して、雨を降らせて人々を救済したために、罰として三つに切られたが、人々はこの小龍に感謝して、寺を作って菩提を弔ったという話である。

これと同じ話が、生駒山脈の北の方、四条畷市の山側の南野というところにある。権現川の流域の禅宗の寺院・起雲山龍尾寺があり、雨を降らせた龍と行基の伝説として伝わっている。今からおよそ千二百年ほど前、聖武天皇の時代に天下が大旱ばつで苦しんでいた。村人は雨乞いを行ったが、どうにもならなかった。そこへ行基菩薩が現れて、水の枯れた滝壺に自分の衣を敷き、法華八講という仏教儀式を行った。するとそこへ異人が現れて「私は天に住む若い龍です。私の大龍王様は、雨を降らさないようにしていますが、私はあなたの仏恩に報いたいと思います。大龍王様は怒って私を殺すでしょうが、その時きっと雨が降ります」と言って消えた。すると、にわかに天が真っ暗になり、大雨が降り出して山野の草木はよみがえった。ところが、雨がやみ青空になると、空か

御机神社

ら龍の神体が三つに裂けて落ちてきた。そこで村人たちは、その龍に深く心を打たれ、その落ちた場所にそれぞれ寺を建立した。頭が落ちてきたところが龍頭寺（後に龍光寺）、腹のところが龍腹寺（後に龍間寺、今は廃寺）、尾のところが龍尾寺（四条畷市に現存）である。また、行基が雨乞いをした滝は、龍が現れたということから権現の滝と呼び、そこから流れ出る川を権現川と言う（『北河内』〈北河内地方事務所〉から引用）。この権現川の流域で、伝説のある禅寺の向かいに式内社御机神社がある。この神社は、祭神がスサノヲ神であるが、末社に水神社、祭神としてミズハノメ命が祭られ、権現川の水に因む水神信仰がみられる。また社殿には立派な龍神の彫刻が掲げられ、この地域の水の信仰と龍神の姿がうかがえる。このように龍神が水をもたらす信仰とともに、龍頭・龍腹・龍尾を名のる寺の伝説が生駒山脈から奈良盆地にかけて広く伝承されていることがわかる。

　現在の奈良市の南部の辰市《たついち》、北之庄、帯解《おびとけ》には、龍にまつわる類似の伝説がある。辰市に伝わる話は、龍が生贄を要求していたので、聖宝上人が龍を殺して三つに切ったが、頭の部分が辰市に落ちてきたという話である。ここは今の倭文《しどり》神社の丑寅にある蛇塚の地で、現在は蛇塚社として祀られている。腹の部分は帯解に落ち、尻尾の部分は北之庄（旧の明治村）に落ちたと伝えている。北之庄の伝えでは、龍の頭が帯解に落ち、腹が北之庄の白山神社のあるところ（龍腹寺のあった所）に落ち、尻尾が辰市に落ちたと伝えている。帯解の老人に聞くと、帯解の龍象禅寺の本堂の天井に龍の絵が掲げられているそうで、この龍に有名な絵師が鱗三枚書いたら寺の西にある広大寺池に水を飲みに行くという話が伝えられている。辰市の話は、かの有名な理源大師聖宝の龍退治の話であり、吉野黒滝の鳳閣寺にも聖宝

辰市の蛇塚

が法螺貝で龍を退治した話がある。また、北之庄の白山神社は、大きな池の五徳池の傍にあり、この池の水利にかかわる伝承である。この類話が金剛山脈の南の五条市北山町にある。昔、大龍が住んでいて、村を荒らしまわった。ある日、ひとりの修験者が龍を退治しようとして、祈りをはじめた。一天にわかにかき曇って、現れ出た大龍は、今にも修験者に飛びつこうとすると、修験者は、手にもった数珠を振り上げて、ハッシと投げ付けた。龍はたちまち天へ逃げ上がろうとしたが、身が三つに切れて、ばたりと地上に落ちた。村人は喜んだが、龍の祟りをおそれて、龍の頭の落ちた所に龍頭寺、胸の落ちたところに龍胸寺、尾の落ちた所に龍尾寺と、三つの寺を建立して、龍を厚く弔ったという。今は寺のあとかたもないが、修験者の祈祷した場所を法願田といい、龍の胴の落ちた所を胴が段といっている。また、三つの寺の仏像は今でも宝物として、北山町東谷の草谷寺にのこっている（『大和の伝説（増補版）』）。ここでは龍退治の話に変化している。

伊良部島

　さて、この話でよく分からないことがある。それはどうして、人々を救済した小龍が、大龍に殺されなければならなかったということ。もう一点は、三つに切断されるということである。この話は東北アジアに広がっている龍の話であり、中国や韓国、沖縄まで広げてみると、この話の本来の姿が理解できる。

　最初に紹介するのが、韓国の南の離島・済州島の話である。昔、玉皇上帝が、百中《ひゃくちゅう》に雨を何千ミリ位降らせと命令を下したという。百中が、何千ミリも降らせば牛馬や動物や生物が皆死んでしまうから、このようにしてはいけないと思って水量を減らして、約百ミリ位降らした。百中が玉皇上帝の命令に逆らって決められた通りの雨の量を降らせなかった。この雨を降らせなかった話を聞いて、誰かが玉皇上帝

済州島

に言いつけた。玉皇上帝が百中を呼びつけた。百中が申すには、おっしゃる通りの雨を降らせたら万物が皆無くなるから、少しばかり雨を減らして降らせましたと申すと、お前はけしからんと言って、首を切ってしまった。その事を知った島の人々は、百中に感謝して七月十五日の中元節のことを、百種日とか百中節と呼び、済州島では儒教式の行事がおこなっている。月光の明るい日の夜に蔬菜、果物、酒飯を供え、お盆の時期に、百中に感謝の気持ちを表しているというのである。百中節は済州島の儒教文化であり、儒教の宗教精神として伝承されている。

次に、中国の浙江省金華府の例を紹介したい。金華府は、八つの県に分かれていたが、この八つの県の雨を司る龍神が金華老龍であった。あるとき天上の玉皇上帝が、府下の人民たちの心がけが悪く、誰も彼もが惜しげもなく白米で豚を飼うのを咎めて、三年間大旱ばつを降し、一粒の収穫もないほど干上がらせて、人間どもを徹底的に懲らしめてやろうと思し召された。さて、一大事を知った慈悲深い金華老龍は、この際なんとかして人民を大災害から救ってやらねばなるまいと、心密かに決心して、玉皇上帝の目をかすめては、時たまこっそりと、わずかばかりの糠雨を降らせては、農作物を潤い湿した。この年、金華府全体は、日照りに見まわれなかったばかりか、大変な収穫で、老龍の折角の不正行為がばれてしまった。一月十五日の晩、あわれ老龍は仕置きにあい、腰から真っ二つに斬られ果てた。犠牲になった龍王の死を人々はひどく悲しんで、それから毎年正月の十五夜になれば、賑やかな提燈祭りをして、金華老龍の恩に報いるようになった。これは、穀物を粗末にしたため、地域社会が禍を蒙るという話で、人間を厳しく戒めた話である。この中国の文化は、道教によるもので、道教の教えとして伝承されたものである。

沖縄県宮古島市の伊良部島にも類似の話が伝わっている。伊良部島の漁師が夜釣りに出かけた時、海の方を見ていると、天から神様が降りて来て、海に向かって、龍宮の神に雨を降らせるように言った。すると、雨が降ってきた。漁師はその様子の一部始終を見て龍宮の神様が雨を降らせるのを知った。しばらくして、伊良部島に長い日照りが続き、島の人々は作物が枯れるのを心配していた。その時、この漁師が雨を降らせることを約束した。漁師は海へ行き天の神様の真似をして、龍宮の神様を呼び、沢山雨を降らせるように言うと大雨が降った。この漁師は村人からお金を沢山もらって大金持ちになった。ところが、天の神は自分が言いつけもしないのに雨が降ったのでびっくりして、龍宮の神様を呼び出したが、その時にだまされたことを知った。伊良部島にまた、日照りが続いた。皆に頼まれた漁師はまた海辺に行き、龍宮を呼び出す、龍宮の神は「お前はどこの嘘つきだ。前にも私をだましてくれたな」と言って追いかけて来た。漁師は人を助けるというクバマというところにある御嶽の神の所へ行って助けを求めると、追ってきた龍宮の神に西の方へ逃げたと嘘を言った。大変怒った龍宮の神は、漁師の住んでいた伊良部の元島に悪い病気をばらまき、その村の人は全部死んでしまった。

浙江省双竜泊

この伊良部島の話は、離島の生活の中で変化しているのは明らかである。ここでは雨を降らせるのが龍神であるが、龍神がだまされる存在である。嘘を言うのは漁師であり、被害を受けるのは島の人々である。

この様な雨を降らせて人々を助ける龍神の話が、伝承される人々の住んでいる地域や宗教的な条件によって変化していることが分かる。

東アジアに広がっている話が、奈良の郊外にも伝わり、生活文化として生きているのをこの話から見ることができるのである。

奈良盆地に伝わる龍殺しの元の話は、中国の伝説では、穀物を粗末に扱うことを天帝が戒めるという話であった。この話が日本に入ると沖縄では自然の厳しさを語り、本土に入ると、仏教説話となり、僧の徳を語る話に変化した。龍が三つに切断されるモチーフは、本来は、自らを犠牲にし、人々を救済するという意味をもっていたのである。

（丸山顕徳）

伝説地情報

北の庄公民館へのアクセス
現住所　奈良市北之庄町
交通手段　ＪＲ奈良駅より奈良交通バス北の庄バス停下車、徒歩２分

龍尾寺へのアクセス
現住所　四条綴市南野
交通手段　ＪＲ学研都市線四条駅より徒歩30分

西九条の蛇塚の由来　奈良市西九条町

奈良市西九条町の中ほどに塚がある。蛇塚と呼ばれている。昔、この村では毎年、お祭りの宵宮に子供を供えることになっていたが、供えた子供は、いつも帰ってこなかった。ある年、この村に六郎という、たいへん勇気のある人がいて、「わたしがこの災難を救おう。」と、宵宮の夜、宮の森の中にただひとり、白木の棺にはいっていると、夜中に大蛇があらわれ、六郎に迫った。六郎は勇気を振るい、刀をぬいて大蛇をさし殺した。村人たちは尾を宮の西側に、頭と刀は宮の北側の空地に埋めたという。今も、お祭りには、大蛇と松明をつくっている。

（『大和の伝説（増補版）』）

【伝説探訪】

奈良市西九条《さいくじょう》町の倭文《しずり》神社では、「蛇祭」とよばれる独特な祭りが行われている。蛇にまつわる伝説に彩られた祭りである。

西九条の蛇祭は、以前は十月十七日だったが、現在は体育の日に行われている。

祭りの二日前、餅つきと神饌の飾り付けなどの準備が行わ

蛇塚社

蛇塚社に御供を供える

れる。神饌は、お供え餅と、「花御供」と呼ばれる、花・盃・飯・汁・箸に見立てた造り物、そして、「ヒトミゴク」を作る。「ヒトミゴク」は、曲げ物の器の周囲を切り餅とわかめで飾り、中心に御幣と、里芋を半分に割り、顔を描いた「人形」を立てた御供のことで、合計十二個作る。そのうちの一つにミョウガの飾りをとりつけ、もう一つには、ずいきで作った蛇の造り物をつける。

「ヒトミゴク」は、「人身御供」のことだといい、こんな言い伝えがある。

かつて、この村ではお祭りの宵宮に「人身御供」と言って、「頭人子」を生け贄として、かにが渕に棲む蛇に供えることになっていた。そして、頭人子にせめて祭りをさせてやりたいというので祭りを先に行い、宵宮を後にしていたという。しかし、大蛇が退治されてからは宵宮を元通り祭りの前日にし、子供の代わりに「人形アラメ（海藻のこと）」を「ヒトミゴク」として供えるようになったという。

（『倭文神社雑記』より）

祭りの当日、午後二時にお渡りの儀式が始まる。お渡りは酒樽と稲穂を担う人、宮司、相撲の力士、御供を持つ人、大松明が続く。大松明には三色のザイを持った人が馬乗りになって乗り、それを八人で担いで「ヨイヨイヨイソウ」のかけ声をかけながら進んでいく。倭文神社を出てから町中を巡り、途中、若宮社、蛇塚社、時風神社、辰市神社に立ち寄り、祝詞をあげ御供を供える。同時に、御神輿も町中をまわっている。四十五分ほどでお渡りの行列や御神輿が神社に戻ると、大松明に火が付けられ、神饌があげられる。最後に神事相撲が始まる。学齢前の子供による「小相撲」、中学生による「中相撲」、青年による「大相撲」がそれぞれ二回ずつ行われるが、いずれも儀礼的な相撲である。

「小相撲」「中相撲」は二人が取り組むが勝敗はつけない。「大相撲」は、筵を敷き、その上に置いた太刀の周りを三回まわってから耳に挟んでいた小さな矢を扇に当てるというもので、「矢相撲」と呼ばれている。

こうして、西九条の蛇祭りは終わるのである。

地元では、「蛇祭」のいわれとして、次のような話が伝えられている。

「数百年前は、この村は山であったそうで、山の頂上に神社があった。即ち、今の倭文社だ。毎年、男の子児がある家の屋根に白羽の箭が立つ。そうすると箭の立ちたる家の者どもは、互に籤引をする。当たった者の子は神へ献げねばならぬ。惜しい悲しいが、しかたがない。陰暦八月二十五日の夜に神に捧げるが、翌日行けば、小児は必ずいない。この小児は何ものにか食われてしまうのだ。数十年毎年一人ずつあげていたが、或る時一人の僧がこの村に来たり、哀れなりとて、当日自分が代わって行って、大蛇を殺したと云うので、今なお祭礼に蛇を出すのだそうだ。因《ちなみ》にこの僧は理源大師と云って今なお堂がある。また蛇を埋た処は蛇塚といって一つの塚と社がある。」（『諸国奇風俗を尋ねて』より引用）

また、『奈良市史　民俗編』には、次のように記されている。

「この村では古くから、毎年倭文神社の例祭に子供を供えることになっていたが、供えた子供はいつも帰って来なかった。ある年、勇気のある六郎という若者（一説には弘法大師）がいて、身代わりになろうと、宵宮の夜、宮の森においた素木の棺にはいり、夜のふけるのを待っていると、その場に大蛇が現われたのでこれを切り殺した。村の人々は、宮の西側に頭を、北側に尾を埋め龍頭寺となづけた。この寺は現在なくなっているが、尾を埋めた塚だけは今も蛇塚として残って

ずいきで作った蛇の造り物

ヒトミゴクの里芋に描かれた顔

いる。」（『奈良市史　民俗編』より引用）

『大和の伝説』とこの二つの伝承とを比較すると、六郎という名の若者を、理源大師や、一説として弘法大師とする点が異なっている。また、尾を宮の西側、頭と刀を北側の空き地に埋めたという『大和の伝説』に対して、『諸国奇風俗を尋ねて』では蛇塚に埋めたとし、『奈良市史』では、頭を西側に埋め、尾を北側に埋めて龍頭寺と名付けたが今蛇塚だけが残っている、とする。

現在の倭文神社境内地の東北側に、蛇塚社（祭神須佐之男命）がある。そこに蛇塚があるとされている。また、神社の西側には、龍頭山西福院のお堂があったと伝えられている。西福院は、倭文神社の神宮寺で、今も大師講の人たちに信仰されている。ここが元、龍頭寺ではなかったかと推定されている。この位置関係からいえば、伝説の中で尾を埋めたのが北側の蛇塚、頭を埋めたのが西側の龍頭寺とするのが適当かと考えられる。

ところで、奈良市北之庄町には、龍腹寺の由来として、次のような伝説が伝わっている。

奈良に日照りが続き、祈雨のために法華八講をひらくことになった。すると、龍が老翁の姿になって現れ、「大龍の許しを得ないで雨を降らせると命をとられるが、我が命を捨てて雨を降らせましょう」、と言って虚空に消えた。たちまち大雨が降り、雨がやむと天から三つに切られた龍が落ちて来た。それで、その体を三カ所に葬り、龍頭寺、龍腹寺、龍尾寺の三つの寺をたてて菩提を弔った、というものである。『大和の伝説』の「龍腹寺の由来」（奈良市北之庄町）に紹介されている話だが、この伝説にいう龍頭寺は西九条に、龍尾寺は今市にあったと言われている。ばらばらに切られた龍の体を別々に埋めて弔ったというモティーフが、西九条町の蛇塚の話と共通している。

（佐々木聖佳）

伝説地情報

祭神

武羽槌雄命　経津主命　誉田別命

行事

体育の日　蛇祭り

＊午後二時より倭文神社からお渡りがある。三十分ほどで神社に戻った後、大松明に火がつけられ、矢相撲が奉納される。

倭文神社へのアクセス

所在地　奈良県奈良市西九条町２丁目１４１２

交通手段　ＪＲ郡山駅より徒歩30分。もしくは、近鉄・ＪＲ奈良駅より、奈良交通バス、「杏南町」行きに乗車し、「大和ハウス前」バス停にて下車。徒歩２分。三二〇円。

帯解寺と染殿皇后　奈良市今市町

帯解寺は、山号を子安山と称し、地蔵菩薩をご本尊とする。現在は華厳宗のお寺である。

むかし文徳天皇の染殿皇后がご懐妊になったとき、どうしたことか三十三ヶ月を過ぎてもお子がお生まれにならなかった。そこで医学や祈祷の限りを尽くし、また全国の霊仏霊社に幣帛を献げて平産を祈ったが、それでもご誕生にはならなかった。あるとき奈良の春日明神が后の夢のなかに現れてお告げになるには、大和国添上郡に裙帯の形をした地蔵尊がある。これを念ぜばその難を逃れて無事に生まれるであろう、とのことであった。そのことを帝に申し上げたところ、さっそく勅使を立てられてご祈誓のことがあった。まもなく玉のような皇子がお生まれになる。これがのちの清和天皇となられる御子であった。そこで帝は伽藍をご建立になり、安産の歓びの寺であるからといって「帯解寺」の号を下賜された。このことがあって後、多くの人々が安産を祈るために訪れるようになった。

帯解寺

【伝説探訪】

この寺に関わる文献は多くを数えるが、いずれも染殿皇后の平産と地蔵の利益のことを記す点では同じである。ここに掲げたのは、『大和名所図会』所収のものによった。

帯解寺というのは、めずらしい名である。そのせいか別にこの名前の由来に直接関わった話も存在する。それはこうだ。夢に現れた春日明神は、「地蔵に帯を巻き、それを皇后の腹に巻き、さらにそれを解くと安産できる」と告げたというのである。つまり帯を解くことで御子が生まれたから帯解寺と言うようになったというわけである。

帯解寺境内

今も、寺からは帯が授けられているが、授けられる帯の宝字が黒ならば男子、赤ならば女子が産まれると信じられている。また腹帯に妊婦の年齢などを書いて奉納し、帰りには先にお供えした人のものをもらってくる、といった習俗も行われていて安産に霊験あらたかな寺として人々の参詣が絶えない。現在も皇室のお産には、かならずといって良いほど「岩田帯」と安産のお守りを献上することが続けられている。

本尊の地蔵菩薩は、いわゆる半跏像で鎌倉時代後期の制作にかかり、国の重要文化財に指定されている。腹に裳の結び目があらわされており、これが「腹帯」に見えるところからいわゆる「腹帯地蔵」として安産の信仰を集めた。

文献上では、『大乗寺院寺社雑事記』の文明十四年（一四七二）の記録に「帯解地蔵堂ニテ鉢多キ勧進在之」（帯解地蔵堂に鉢たきの勧進があった）、とあるのが比較的早い例である。その後、永禄十年（一五六七）に松永弾正久秀の兵火にかかって堂宇をうしながら、寛永年間に再興した。また安政の大地震でも本堂が倒壊する。この場合は、その年のうちに修復がなっている。こうしたところに、人々の帯解寺に対する厚い信仰をうかがい知ることができる。最近では平成八年に山門、鐘楼、不動堂が修理された。

ところで、この話のもう一方の主人公である染殿皇后も、古来より著名な人物で多くの文献にその事跡を記す。名を藤原明子（メイシもしくはアキラケイコと読む）と言い、藤原良房の娘である。天長五年（八二八）に生まれ、昌泰三年（九〇〇）五月に亡くなった。行年七十三歳。その間、女御として文徳天皇に仕え惟仁親王（後の清和天皇）を生んだ。彼女は、物の気に悩んだようで、数種の文献にそれに関わる記事をみいだすことができる。例えば十二世紀の『今昔物語集』には次のような話が見える。

后に憑依していた狐を見事に退散させた金剛山の験者がいた。彼は、その後暫く宮中に留まることになったが、若く美しい后に愛欲の心を起こしてしまう。聖人は、その乱れた心を抑えきれず、人目のない隙をうかがって強引に欲望を満たそうとする。だが、この時は危ういところで未遂に終わった。本来ならば処罰されるところだが、皇后の物の気退散に功があったということで特別に許され、聖人は自庵のある金剛山へと帰っていった。が、皇后への思いを断ち切れない。そこで、もしこの世で欲望を満たせないのであれば、死して鬼となって思いを遂げようと決意し、断食によって自らの命を絶ってしまう。その後、宮中に鬼が現れるようになった。なんとその鬼は后を蕩かして、こともあろうか人々の目の前で睦び合うではないか。やがてそのことは天皇や百官の眼前でも憚ることなく行われるようになった。これには天皇もなすすべがなかったと言う。

帯解寺鐘楼

語り継がれる染殿伝説で皇后が見せるもう一つの側面である。

さて、皇后と帯解寺の伝説は、いったいいつごろから言われはじめたのであろうか。これに答えを与えることは、残念ながらそう簡単ではない。いまは、主として文献によってそれを追ってみよう。

黒川道祐の『日次記事』（延宝四年・一六七六）に「染殿后藤原明子忌」の記述があり、そこには

是ハ清和帝ノ母公ニシテ、忠仁公良房ノ女ナリ。斯ノ人甚ダ地蔵ニ帰ス。故ニ所々ノ地蔵堂、多ク建立ノ本願タリ。之ニ依リテ其ノ寺院ニ牌有リ、京極三輪寺、西郊地蔵寺之ヲ修ス。（この人は清和天皇の母で良房公の娘である。甚だ地蔵への信仰が厚く、所々の地蔵堂の多くは后が本願となって建立したものである。それ故にそれらの寺院には位牌がある。京極の三輪寺、西郊の地蔵堂を修復した）

帯解寺年中行事

とあって、地蔵との結び付きが見える。実は、京都にも帯解寺と類似の伝承をもつ寺院が多く存在する。いくつかをあげれば、染殿地蔵（中京区新京極四条）、染殿地蔵堂（西京区御陵）、地蔵院安胎寺（右京区西京極）、十輪寺（西京区大原野）などである。

『日次記事』より少し前の正保四年（一六四七）になった帯解寺の縁起には、さきに示した『大和名所図会』と同様の伝承が見られる。この縁起は、それまでに存在した縁起書が経年の結果いたんでいたので新しく書きかえたとの識語が巻末に付されている。これを信じれば、正保四年以前にはすでに染殿皇后の伝説はあったことになる。実際、帯解寺に残されている寛永十九年（一六四二）の「地蔵堂勧進帳」にもこの伝説は見えている。

また寺伝によれば、三代将軍家光の生誕に際して安産祈願のことが

帯解寺

あったという。

帯解寺は、少なくとも中世期には安産の寺として人に知られる存在となっていたと思われるが、染殿后との結び付きについては、文献上からみる限りは、近世以前についての状況は明らかではない。だが、少なくとも江戸時代初頭ころには確実に人の口の端にのぼるほどの広がりを見せていたことはほぼ確実のようである。

最後に、此寺が現在でも如何に安産祈願において人々の信仰をあつめているかを示す事例をいくつか紹介しよう。

寺内のある部屋の一角に一つの掲示板が掲げられている。実は、そこには全国から寄せられた懐妊や安産のお礼の手紙がところせましと貼り付けられているのである。たとえば、帯解寺で求子祈願をしてもらい御札をいただいて帰った夫婦が、朝晩、その御札を拝しているうちに妊娠していることがわかったそうである。この夫婦が祈願してもらったのは五月のことだが、妊娠が判明したのが八月のことだという。ほかに、祈願した次の年には無事健康な女の子を授かったが、こんなに早く我が子を抱けるとは思っても見なかった。感謝の気持ちでいっぱいである。などといった手紙もある。

出産は、男女ともども人生にとっての一大事であることは、染殿の時代もそして今も変わることはない。時には命にも関わる節目を無事に通りたいと思う気持ちもまた誰しもが抱く願いである。帯解の地蔵は、そうした人々の願いを遠く平安の昔から現在に至るまで見守ってきたと言うことであろうか。

（橋本章彦）

伝説地情報

行事

修正会　一月一日〜三日

星祭　二月三日

帯解子安地蔵会式大法会　七月二十三日〜二十四日

彼岸会（水子供養法要）　秋分の日

特別寺宝展　十一月一日〜八日

本尊御縁日　毎月一日、二十三日

写経会　毎月二十三日（七月は休会）

お土産

帯解地黄煎飴

帯解寺へのアクセス

現住所　奈良市今市町734

交通手段　ＪＲ桜井線より北へ一〇〇メートル

霊山寺の祖小野富人　奈良市中町

矢田丘陵東側の山裾、南北に流れる富雄川を手前にして、霊山寺が伽藍を構えている。この寺には、小野富人という人物が開創に関わったという、次のような伝説が伝わる。

小野富人は、七世紀初頭の遣隋使として知られた小野妹子の息子である。官職を辞したあと、領内の山に閑居を結んだ。登美（富）仙人と称したが、その鼻の高さゆえに鼻高仙人ともよばれた。その閑居した場所が、登美山とも呼ばれるようになった（これが現在の霊山寺の山号になっている）。

富人は医業を少々知るところから、薬種を栽培し諸人に施していたが、より医業を心得たいと考えていた。そこで熊野権現に二十一日間参籠したところ、白髪の老人が現れ、薬師如来を信仰し、薬湯を施すように諭した。この老人はすなわち薬師如来の化身であり、富人は満願ののち早速に湯屋を建て、薬師如来を安置し、薬湯を諸人に施した。薬師湯の手前を流れる湯屋川の名は、これに由来するという。

（『富雄村史蹟勝地研究』）

【伝説探訪】

ここに紹介した伝説は、昭和十四年に富雄村の郷土研究会に

霊山寺本堂

よって発行された『富雄村史蹟勝地研究』第一号に掲載された、「小野姓真弓家の系図」に記された内容である。

この系図は昭和二十九年発刊の『富雄町史』にも掲載されており、郷土研究会所載のものと少々の違いが見られる。何種類かの異本が伝わっていた可能性が考えられるが、小野富人の部分はほぼ同じである。霊山寺によれば、小野富人が湯屋に薬師三尊仏を祀り、薬草風呂で諸人の病を治したことが寺院開創の遠因だという。この伝説について、現在は霊山寺の近辺でも人々から伝承として聞くことはできないが、『富雄町史』には、この系図に書かれた内容が、当時は伝説として一般に広まっていたことが記されている。

薬師湯

霊山寺は、行基菩薩の開基とされる真言宗寺院である。行基が霊山寺と名づけたというこの寺の縁起は、『大和名所図会』や『南都名所集』などの近世の地誌にも紹介されて広く知られていた。これらの地誌には、寺の山号の鼻高山は行基に由来すると記されている。一方で、寺の創建が鼻高仙人と呼ばれた小野富人だからという伝説も伝えられている(『富雄町史』)。現在の山号は「登美山鼻高」であるが、登美山もまた小野富人にちなむ名称である。

霊山寺手前の富雄川を渡ると、山門ではなく奥の院の弁才天のために設けられた大きな鳥居が、矢田丘陵を背後にして参詣者を迎え入れる。奥の院の弁才天は、弘法大師の開基と伝えられる。鳥居をくぐると、丘陵から富雄川へと注ぐ湯屋川沿いに参道が延び、国宝である鎌倉時代の本堂や重要文化財の三重塔が川の両脇にそびえる。役行者を祀る行者堂や不動滝なども存在し、この地が修行のための霊地であることをうかがわせる。江戸時代初期の霊山寺のたたずまいは『和州寺社記』(十七世紀後半)に詳しく、かつては行基が寓居した寺や一切経蔵・

灌頂堂も存在したと記されている。また『大和名所図会』（十八世紀末）には、霊仙寺の伽藍が詳しく挿絵に描かれている。

湯屋川沿いには、鳥居から間近な場所に薬師湯があり、今では新しい湯殿が設けられ多くの人々で賑わっている。霊山寺の本尊は薬師如来であり、『和州寺社記』には、境内の閼伽井の水を毎日薬師如来の香水に汲んでいることが記されている。左掌に薬つぼをのせた薬師如来像には、治暦二年（一〇六六）の紀年銘がある紙片が納入されていたという（『奈良市史』社寺編）。

さて冒頭の伝説からは、薬師如来が霊水を授けるという伝承構造がうかがわれる。泉や清水の傍らに薬師如来が祀られ、その水が霊水とされて薬師如来に由来するという霊験譚は各地にみられる。また、城崎温泉や白浜温泉など古くからの温泉地には、必ずというほど薬師如来が祀られており、温泉が病を癒す薬師如来の霊水であることを示している。

富人が湯屋に安置したという薬師如来は、恐らく霊山寺の本尊を指すものであり、この伝説は寺院の開創譚ともいえる。さらにこの伝説では、小野富人が熊野権現に参籠している点から、熊野信仰が潜在していることがうかがわれる。熊野の湯峰温泉にもやはり薬師如来が祀られており、この伝説の形成には熊野信仰の宗教者が関わった可能性も考えられるだろう。

ところで、霊山寺からさらに南へ続く矢田丘陵の高台には、あじさい寺としても有名な通称矢田寺の金剛山寺がある。矢田寺には、小野富人と同じ小野氏である、小野篁が登場する矢田地蔵縁起が伝わっている。歌人や漢詩人として知られた小野篁は、すでに平安時代末期には伝説化していた人物であり、『今昔物語集』や『宇治拾遺物語』など

霊山寺遠景

様々な説話に登場する。「小野姓真弓家の系図」によれば、篁は富人の四世代ほどのちの子孫である。

矢田丘陵の北東に位置する長弓寺も、同じく小野氏である小野長弓の菩提を弔うために建立されたという（「小野姓真弓家の系図」）。小野篁や小野小町など、小野氏の伝説は各地に数多い。奈良では、矢田丘陵付近が小野氏の伝説によって彩られている。これらの伝説の広まりには、実際の小野氏一族が関わっていたのかもしれない。

霊山寺と小野富人の伝説は、熊野の宗教者の関与も考えられる薬師如来と霊水の霊験譚のうえに、小野氏の伝説が絡み合っている。熊野の湯峰温泉には、平安時代後期には薬師如来が祀られるようになっていたという（西尾正仁『薬師信仰―護国の仏から温泉の仏へ―』）。小野篁の伝説化も、平安時代末期には進んでいた。すると、この伝説も、早ければ平安時代末期には、語られるようになっていたのだろうか。

（荻野裕子）

伝説地情報

みどころ

現在の薬師湯は、昭和五十七年の改新築。境内には一二〇〇坪のバラ庭園があり、五月中旬から十一月まで、二〇〇種類のバラが咲く。

行事

初福授法要　正月七日

大弁才天護摩法要　四月十七日

バラ会式干支祭り　五月第三日曜日

秘仏公開宝物展　十月二十三日～十一月第二日曜日

霊山寺へのアクセス

所在地　奈良市中町3879

交通手段　霊山寺へは、近鉄奈良線富雄駅より、奈良交通バスで若草台方面行き「霊山寺前」（約8分）下車、徒歩すぐ。

中宮寺の天寿国曼荼羅繍帳

生駒郡斑鳩町

聖徳太子は推古天皇即位三十年（西紀六二二）お年四十八で薨去遊ばしました。御妃橘大郎女は、いたくお嘆きになり、太子様を御慕いのあまり、宮中の采女たちに命じ、太子様が往生なさっている天寿国という理想浄土のありさまを刺繍せしめられたのが、この天寿国曼荼羅であります。もとは繍帷二帳よりなり、そこに四百字の銘文が刺繍されていて、その全文は法王帝説という本の背書に残っております。従って吾々はそれによってこの曼荼羅の出来た経緯をはっきり知ることが出来ます。それによりますと画者は東漢末賢、高麗加世溢、漢奴加巳利、監督は椋部秦久麻でした。ところがその曼荼羅も年の経つにつれて破損し、法隆寺の宝蔵に秘されてあったのを鎌倉時代当時の中興信如比丘尼が、残欠一帳に纏めて修復されたのが今日おがんでいただく曼荼羅であります。従ってこれは往時のほんの一部分にしか過ぎません。それにしても糸色の鮮かなこと驚く許りです。刺繍は全部捩糸でなされ、左上に月が描かれているのは、当時天寿国は天上にあると考えられたのでしょう。又この中には太子様が描かれている筈です。その赤衣の像は当時の服制に照らして太子様で

天寿国曼荼羅繍帳

はないかと思います。図中亀甲型が四個残り一個に四字ずつ「部間人公」「干時多至」「皇前曰啓」「仏是真玩」の文字をあらわすが、それは法王帝説に伝える銘文に合致しております。

（「旧斑鳩御所中宮寺拝観のしおり」より）

【伝説探訪】

中宮寺本堂

奈良中宮寺にある天寿国曼荼羅繡帳（国宝）は、七世紀に作られたといわれる、絹で縫いあわした日本最古の刺繡である。これは、聖徳太子の没後、妃橘大郎女が聖徳太子の往生された世界を描いたもので、その制作の由来を知ることが出来る。『上宮聖徳法王帝説』によると、聖徳太子が亡くなられた時、橘大郎女は深く嘆き悲しみ、天皇に申し上げた。「恐れながら、偲ぶ心を抑えることができません。わが大王（聖徳太子）と母王（穴穂部王）とは、所期のごとく従遊なさいました。わが大王は「世間虚仮唯仏是真」（世間は虚仮であり、ただ仏のみ真実である）と申しておりました。その法によれば、大王は天寿国に生まれておられることでしょう。しかし、大王の往生された浄土の有様は、この世において見ることが出来ません。願わくは図像にして往生されたお姿を観たいものです」。

この浄土を描く為、掠部秦久麻が指揮をとり、絵図を東漢末賢・高麗加西溢・漢奴加己利の画家たちに描かせ、宮中の采女等に刺繡させ、二帳の繡帳を完成させた。

この天寿国曼荼羅繡帳には、百匹の亀甲に、それぞれ四文字が記され、計四百文字の文章が書かれている。しかし、現存する文字数は、ほんの一部しかすぎない為、制作の由来を知るうえでは全文が記された『上宮聖徳法王帝説』により補うことができる。

中宮寺には、残片をつなぎあわせたものが残っていて、その中に三匹の亀甲の「干時多至」「皇前曰啓」太子の母、穴穂部間人皇后の名前を記した一部の「部間人公」の十二文字がある。また、『聖誉鈔』(天文一六年・一四五七)によれば、中宮寺が一時、無住寺になった際、天寿国曼荼羅繍帳が法隆寺に移転されたが、所在不明となっていた。鎌倉時代になり、当時の信如比丘尼が、中宮寺の本願である間人皇后の忌日が不明であることを残念に思い、文永十年(一二七三)二月十五日釈迦入滅の日を初日とし、聖徳太子の命日を結願の日として、八昼八夜のあいだ祈り続けた。そしてついに文永十一年(一二七四)二月二十六日法隆寺の綱封蔵から天寿国曼荼羅繍帳を発見し、皇后の忌日を知り得ることが出来たと伝えている。

発見された際、はげしく傷んでいた為、京都で修理されたものと摸本が作成された。本物は奈良国立博物館の収蔵庫に保管されている。現在中宮寺にある天寿国曼荼羅繍帳は、黒いお厨子の中におさめられていて、飛鳥時代の旧繍帳と鎌倉時代に模して作製した新繍帳の遺りのよい部分の断片を江戸時代に貼り混ぜたものである。飛鳥時代には内部を緻密に縫い表す技法で、裏に羅が入っており、この時代の刺繍の特色がよく表れている。

天寿国曼荼羅繍帳(一部)

繍帳には、月面の兎や人物・宮殿・飛仙像などが描かれており、人物の服装や家屋などから当時の様子を偲ぶことができる。また最も注目されるのは、聖徳太子の残した言葉「世間虚仮唯仏是真」である。さらに、「天寿国」の世界に関する説明として次のような六つの説があり、現在有力な説は西方極楽浄土説である。

一、阿弥陀仏の浄土(西方極楽浄土)説　　二、弥勒菩薩の浄土(兜率天)説

三、釈迦の浄土（霊山浄土）説

四、維摩居士の国土（妙喜浄土）説

五、特定の浄土ではなく一種の理想郷説

六、天竺国説

「天寿国」という言葉は、『華厳経』奥書に「又願亡父母、託生西方大壽國」（三井記念美術館蔵『華厳経』第四十六の奥書）とあり、「伊予国風土記」逸文には「日月は上に照りて私せず（中略）乃ち照と給とに偏もなきが若く、何ぞ寿国に異らむ（日光や月光は天上から万物を照らして差別がない。（中略）このように天から日照月照が施すことに偏りがなく、これこそが天寿国となんら異なることはないのである）」とあることや、中国の『神仙伝』の「陰長生」には「升彼九天、壽同三光。（彼の九天に昇り、壽は三光と同じからん）」とあることなどから、神仙思想や道教信仰の中核をなす世界と考えられた。さらに、平安時代の神仙説話や室町時代の芸術品や庭園の装飾に鶴亀などのシンボルが使われることなどから、亀甲に文字の書かれたのは道教の影響と考えられている。

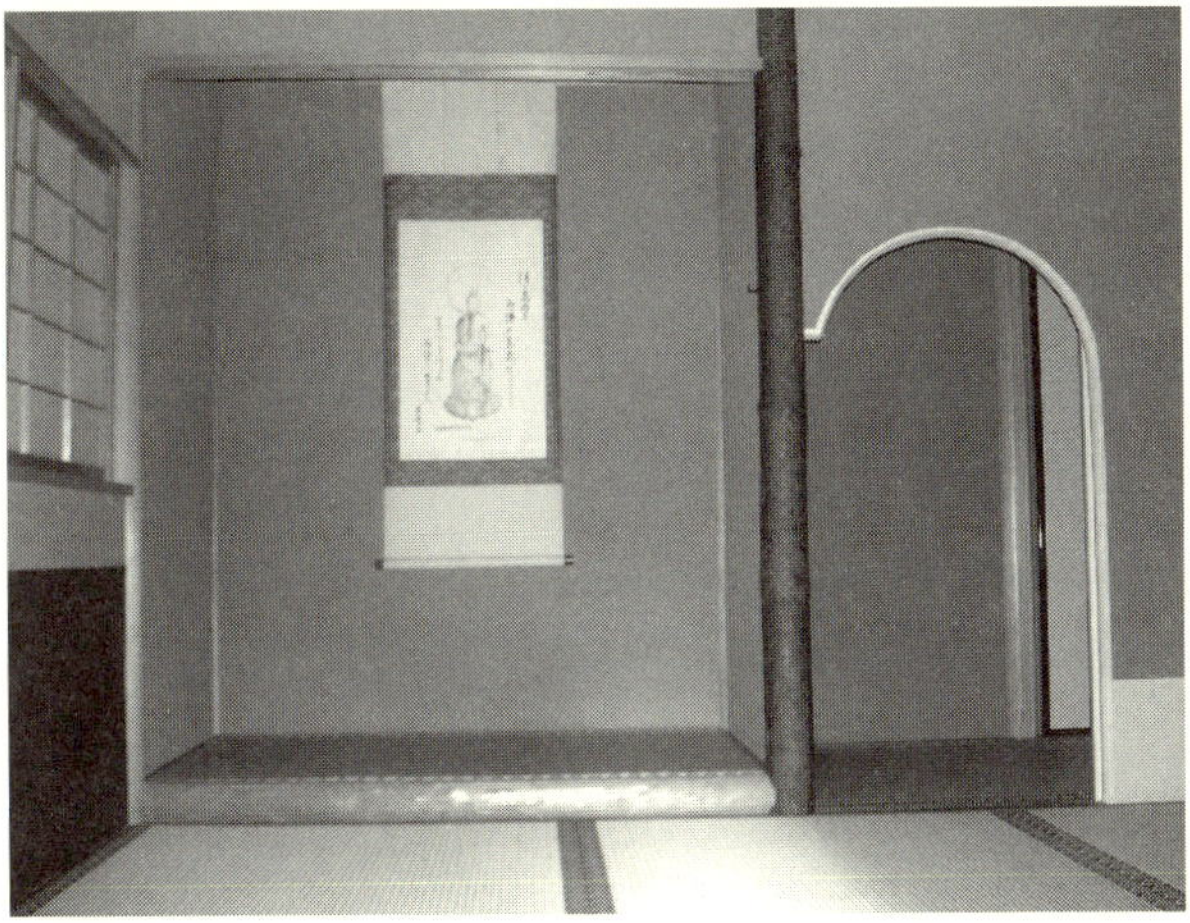

茶室　聖光庵

聖徳太子が往生された「天寿国」は、差別がなく全てにおいて偏りがなく平等である。

聖徳太子の言葉である「世間虚仮唯仏是真」の「世間虚仮」とは「諸行無常」と同じく、この世の中は常に移り変わり、何事も実体のあるものはなく仮の姿であると、この世の成り立ちを説いている。「唯仏是真」とは、「諸法無我　涅槃寂静」を示し、何にとらわれることのなくなった時の自分こそが本当の自分で真実である。このことを見定めることが大切で、そこに本当の幸せがある。天寿国曼荼羅繡帳は、現在に浄土思想でいわれている極楽浄土の事で、その天上における真実の世界を表していると考えられる。そして、この世においてみることの出来ない世界が描かれ、仏教的な世界や神仙的な世界も思い描くことができる。

（秋山妙蓮）

伝説地情報

年中行事拝観時間
三月二十一日~九月三十日　九時~十六時三十分
十月一日~三月二十日　九時~十六時

拝観料　小学生　二五〇円　中学生　四〇〇円　大人　五〇〇円

見所
「山吹寺」とも言われている。高松宮妃殿下のご発願により再建された池の中に立つ本堂の周辺には、山吹の花がきれいに咲く。見頃は四月。
受付の門を入ると藤棚があり、紫・白の藤の花が咲く。見頃は五月。

茶道　中宮寺御流　中宮寺にて法興会お稽古　月四回　日曜日午前
近鉄奈良ファミリー文化サロンにてお稽古　月一回　金曜日午後
四月半頃　二日間　山吹茶会開催

華道　斑鳩御流

お土産　如意輪観世音菩薩半跏像絵葉書・タペストリー・ファイル、散華、兎土鈴、お干菓子、山吹花お守り他。

中宮寺へのアクセス　所在地　奈良県生駒郡斑鳩町法隆寺北1−1−2
交通手段　JR法隆寺駅下車　エヌシーバス法隆寺門前行5分　中宮寺前下車徒歩5分
近鉄筒井駅下車　バス王寺駅行15分　中宮寺前下車徒歩5分
駐車場　なし（寺内）　徒歩3分の所にある西山観光駐車場

V　奈良から歩く伝説と信仰の旅

後醍醐天皇の伝説を歩く

後醍醐天皇が笠置山におられた時、楠《くすの》木《き》正成《まさしげ》などが応援に来たが、その時に丹生《にゅう》氏の先祖も守りに行き、その時の功労によって、色々威《いろいろおどし》といって赤と黄と青の三つの色や金などで飾りつけた立派な鎧《よろい》をもらった。その時もらった立派な鎧は、今、神社に奉納してある。

笠置山の西側は急で、なかなか攻められなかったので、ぐるっと反対に回って、この柳生の数珠口《じゅずくち》坂から攻めて、笠置山を落とした。その時のここでの戦いを数珠口坂の戦いといっている。

（『奈良市民間説話調査報告書』）

【伝説探訪】

奈良県の各地には、後醍醐天皇（一二八八～一三三九）にまつわる伝説が多数伝承されている。ここに紹介した伝説は、奈良市丹生《にゅう》で採集されたもので、後醍醐天皇が笠置山におられた時の話であるという。丹生氏の先祖が戦争の功労によって立派な鎧をもらって神社に奉納したことと、柳生の数珠口坂《じゅずくちさか》というところで戦闘があったということが語られている。笠置山のすぐ南に位置する柳生は多くの剣客を輩出した柳生一

柳生の数珠口坂

笠置山の行在所跡

族の地として知られているが、柳生新陰流剣道の祖柳生宗厳《やぎゅうむねよし》（一五二七〜一六〇六）が活躍するのはこの戦いからおよそ二百数十年後のことである。後醍醐天皇をめぐるこの時の戦いは笠置山の戦いと称されている。正中の変の後も倒幕の意志を変えなかった後醍醐天皇は、元弘元年（一三三一）八月二十四日の夜、京都を脱出して奈良の鷲峰山《じゅぶせん》寺を経て笠置山に入った。山上に行在所《あんざいしょ》を定めて武家方と攻防を展開したが、ほどなく陥落し、天皇は捕らえられて元弘二年三月に隠岐島に流された（元弘の乱）。

奈良市丹生では、この伝説のほかに、笠置山の戦いで破れた後醍醐天皇が吉野へ逃げたという伝説が伝承されている。その時、後醍醐天皇は花山院の身なりをして奈良市大保《おおほ》の道を通って吉野へ逃げたが、花山院は影武者として後醍醐天皇の身なりをして京都の方角へ逃げて捕まったという（『奈良市民間説話調査報告書』）。花山院師賢《もろかた》は元弘元年（一三三一）天皇の身代りとなって延暦寺に赴いて北条方を欺き、後醍醐天皇を笠置に逃したことで知られているが、丹生で聞き取られた伝説の一つは天皇が笠置で負けて吉野へ逃げた時の話として語られていることがわかり、興味深い。奈良市西部には、奈良市大柳生町のお成り道、奈良市水間町のナメンダラ道など、後醍醐天皇が吉野へ逃げた時に通られたという道の伝承がある。後醍醐天皇が吉野で南朝を樹立した印象が強いことから、各地の伝承の多くが吉野へ後醍醐天皇が逃げたと伝えられることになったものと推定される。この他、奈良県各地に伝わる後醍醐天皇にまつわる伝説は枚挙にいとまがないが、いくつかを紹介したい（『大和の伝説』による）。

奈良市柳生町に、笠置の「かつら木橋」の伝説が伝えられている。笠置を落ち延びた後醍醐天皇は、かつら木橋

（柳生から笠置駅に出る坂の途中にある）をお渡りになり、橋のたもとのかつらの木の下でお休みになった。そのため、今も桂の木は北朝が気にかかって枝が北をさしているという。

奈良市柳生町から大保への入口にある森を「まつ毛の森」という。後醍醐天皇が笠置山から落ちられる時に、この森で弁当を食べられたが、まつ毛のしずくが弁当に落ちたのでここをまつ毛の森というようになった。その時に使った箸を山に挿されたところ、それが根付いてさかさに芽を出した。そのため、今もこの辺の篠《しの》の枝はみなさかさに出ており「さかさの篠」とよばれている。

奈良市阪原町の北の笠置に近い所に千坊があったといい、「槇山《まきやま》千坊」といわれていたという。後醍醐天皇が笠置に難を避けた時にここの僧たちが天皇方に味方したので、北条軍に焼き払われたという。

奈良市大柳生の東方の峯続きに、大平尾・誓多林《せたりん》・沓掛《くつかけ》・日笠・大野・中ノ庄・南田原・山田から吉野へ続く一筋の道がある。この道を後醍醐天皇が吉野へ向けて通られたといわれており、心なき草木さえも、天皇の胸中をお察し申してか草も生えないので、「草の生えずの道」といわれているという。

天理市佐保庄町の山辺道に沿って小社がある。後醍醐天皇が南遷される時、この山辺道をたどり、一夜をここで明かして蚊を封じられたので、今もここには蚊がいないという。

宇陀市室生区上笠間では、笠置が落城して後醍醐天皇が吉野へ御潜幸の際、体調をくずされたために一時ご逗留になったという伝説がある。種々の薬を服され、薬の滓《かす》を近くに捨てられたという。また、村では村の力士を集めて角力を天覧に供したといい、毎年旧八月十日に

吉野朝宮跡

後醍醐天皇塔尾陵

吉野神宮

行われていた角力会はそのなごりであるという（病気になられたのは後醍醐天皇の皇后あるいは後村上天皇の中宮という伝承もある）。

吉野郡大淀町檜垣本に天皇社という小祠がある。延元三年三月、八幡宮御礼拝の日に後醍醐天皇が行在所を設けられた所といい、祭神は天皇であるという。また、天皇が桜の杖を立てられたのが生育したと伝えられている桜が社殿のそばにあったというが、今はない。

元弘三年閏二月に隠岐島を脱出した後醍醐天皇は、鎌倉幕府を滅ぼして建武中興の新政を行なったが、新政に失敗して吉野で南朝を樹立した。このため、吉野周辺には多数の南朝関係の伝説が伝承されている。五條市西吉野町賀名生《あのう》は後醍醐天皇や後村上天皇の行宮《あんぐう》があった地として知られている。後醍醐天皇の行宮地と伝えられている賀名生皇居跡は、現在は堀家の住まいとなっている。賀名生は梅の名所としても知られており、賀名生梅林は三月上旬から下旬が見頃である。

延元元年（一三三六）京都から吉野に逃れた後醍醐天皇は、賀名生にしばらく滞在された後、再び吉野山吉水院（吉水神社）に移られた。その後、蔵王堂の西側の実城寺を金輪王寺と改めて皇居とされた（吉野朝宮跡）。延元四年、天皇は吉野で崩御された。後醍醐天皇陵は如意輪寺の裏山にある。後醍醐天皇を祀る吉野神宮は明治二十二年に創立された神社であるが、その地はかつて北条幕府方の本陣となった所であったという。有名な吉野山の桜は四月上旬から下旬が見頃である。

南北朝時代は元中九・明徳三年（一三九二）までの五十七年間で終わるが、吉野郡川上村神之谷《こうのたに》の金剛寺（裏手に自天《じてん》王《おう》・忠義王を祭神とする自天親王神社がある）では後南朝の問題にかかわる朝拝式《ちょうはいしき》が毎年二月五日に行われている。この朝拝式は、後亀山天皇のひ孫にあたるという自天王を慰霊する行事で、自天王が亡くなられた翌年の長禄二年（一四五八）より一度も欠かさず奉修されてきたという。

後醍醐天皇をめぐる伝説は、多くの謎を含みながら、現在にいたるまで各地で生き生きと伝承されている。

（原田信之）

伝説地情報

吉野山の見所・主な年中行事

吉野山の桜　四月上旬から下旬が見頃で、下千本、中千本、上千本、奥千本の順で山頂に向けて開花してゆく。

金峯山寺　節分会・鬼火の祭典　二月三日　吉野水分神社　お田植え祭り　四月三日

金峯山寺　花供千本つき　四月十日　金峯山寺　花供会式（花供懺法会）　四月十一日・十二日

吉野神宮　春の大祭　四月二十九日　金峯山寺　蓮華会・蛙飛び　七月七日

吉野神宮　秋の大祭　九月二十七日　吉野山秋祭り　十月第三日曜日

吉野山へのアクセス

所在地　奈良県吉野郡吉野町吉野山

交通手段　近鉄吉野線「吉野」駅から吉野山ロープウェイに乗り換え、「吉野山」駅下車

大和の富士講を歩く　山添村広瀬・奈良市月ヶ瀬尾山

東海道は五十三次で　越すに越されぬ大井川
東海道は五十三次で　女郎のよいのは岡崎や
　かるかれかるかれ　足も軽かれ山よかれ
（山添村広瀬）

富士のお山で昼寝をしたら　かかは無事だと夢を見た
　かるかれ　かるかれ　足も軽かれ山よかれ
富士の山と山上の山と　峯の高さは同じこと
　かるかれ　かるかれ　足も軽かれ山よかれ
（奈良市月ヶ瀬尾山）

【伝説探訪】

このような富士参りの様相を表現した歌が、奈良県の北東部、山添と月ヶ瀬に伝わっていた。山添村広瀬の歌では富士山が出てこないが、これは富士山に至るまでの東海道中を歌った部分である。実は、これとほぼ同じ歌詞を含んだ富士参りの歌が、伊勢志摩地方に濃厚に分布している。恐らく、奈良県には伊勢街道や伊賀街道を通じて、伊勢方面からこの

月ヶ瀬尾山の八王神社　記念柱を立てた場所

歌が伝わったものと思われる。

奈良県でこれらの歌が歌われていたのは、昭和二十年代ぐらいまでのようで、現在、歌の全容を知るのは難しい。しかし伊勢志摩では、現在でも富士参りを行う地域があり、その出発の際、あるいは在地に祀った富士の神である浅間神社の祭礼の際に、こうした富士参りの歌が歌われている。

伊勢志摩の歌では、在地を出発して、まず大抵は「吉田の港へそよそよと」と伊勢湾を東へと海路で渡ったことが歌われる。吉田の港は、かつての東海道吉田宿（豊橋市）に付随した港である。そこからは陸路である東海道を、延々と富士山の麓まで歩いていく。浜松や金谷など数々の宿場を歌い上げ、大井川を越え、駿河府中（静岡市）の浅間神社に参拝し、富士山麓の富士川や吉原宿付近に至る。広瀬の歌詞は、ちょうどそのような部分である。富士山の麓に着くと、あとは富士山の様相や、白装束に判を捺してもらうなどの、登拝中の信仰習俗が歌われる。月ヶ瀬尾山の歌詞は、そうした部分である。

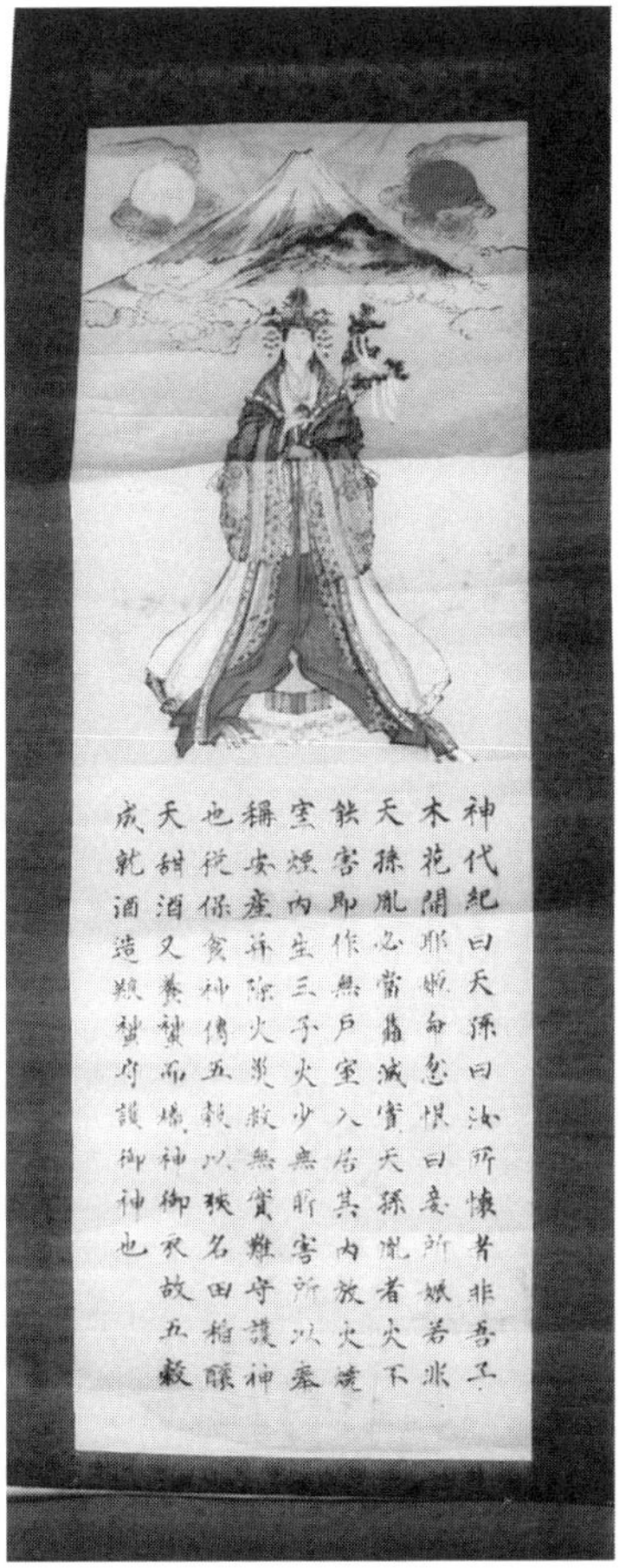

富士山祭神の掛軸
（月ヶ瀬尾山　真福寺所蔵）

月ヶ瀬石打には、江戸時代後期の文政十一年（一八二八）の富士山道中の記録がある。この記録では、吉田港は使われていない。石打から伊賀街道を通って関へ出て、以後はほぼ陸路で東海道を旅している。往路には途中で秋葉山に参詣し、富士山頂上から山梨県側へ下山して、帰路には諏訪大社にも参詣している。合計二十二日間の大旅行であった。明治以後の記録になるが、広瀬では伊勢街道を鳥羽へ出て、船で知多半島に渡り、そこから岡崎を経て東海道線で富士山に向かっている（『やまぞえ双書1　年中行事』）。吉田港ではないが、伊勢湾を渡る海路が利用されていた。伊勢志摩では、歌の中の富士参りの行程は、地域によって少しずつ異なっている。その地域の実際の行程が歌い上げられたためだろう。尾山や広瀬の富士参りの歌も、恐らくそのように実際の行程が歌われていたのではないだろうか。

尾山では、男は二十歳までに大峰登拝、二十歳すぎには富士登拝をするものとされていた。「富士のお山と山上の山は」と歌われているが、この山上の山とは、奈良県南部に連なる大峰山の中心、山上ケ嶽を指している。奈良では、大峰山の講と富士山の講とが、重なるように形成されている地域が少なくなかったようである。尾山では、富士山に登拝する者で富士講を形成した。富士山へ出発する際に、講員が富士参りの歌を歌ったという。また、その旅の間、家族や村の人々も安全祈願として富士参りの歌を歌った（『月ヶ瀬村史』）。「足も軽かれ山よかれ」は、遠い富士山までの旅、そして困難な富士山頂までの登拝が無事にすむように、という願いがこめられているのだろう。

広瀬では、十六歳から二十歳までの男子は必ず富士登拝をするものとされていた。富士登拝は申年と丑年に行われた。登拝の出発前、登拝者家族が集まって富士参りの歌を歌ったという（『やまぞえ双書1　年中行事』）。尾山も広瀬も、富士山への登拝が、男子一人前の基準になっていたのである。

このように、奈良県ではかつては富士信仰がかなり広まっていた。県内では、田原本町八田の寛永三年（一六二六）のものを最古に、五十基の富士信仰石造物が確認されている。おもに県の北部・中部に分布をみせ、歌の伝承地である月ヶ瀬や山添にも富士信仰の石造物が確認される（山形隆司「近世大和における富士信仰と富士講」）。

奈良市二名町の杵築神社には、文化二年（一八〇五）三月建立の「富士山常夜灯」があり、「同行十九人」と刻まれている。「同行」とあるから、恐らく建立の前年にでも、この十九人で富士参りを果たしたのであろう。富士山の静岡県側の登山道には、吉野の行者が建立した、弘化三年（一八四六）の「富士登山満行供養塔」がのこされている。同じく静岡県側の登拝口、村山口に拠点を置いた修験者による嘉永元年戊申（一八四八）の記録には、広瀬から十五人の登拝者があったことが記されている。この記録には、ほかにも奈良県内から山辺郡上津村（山添村西波多）四人、山辺郡吉田村（山添村吉田）十六人、宇陀郡菅野村（御杖村菅野）一人、添下郡仁奈村（奈良市二名か）八人の道者が記されていた（『村山浅間神社調査報告書』）。

奈良から、ひたすら歩いて歩いて、二五〇キロメートル以上を隔てた富士山の頂上まで参詣に出向く人々が、かつてはいたのである。その参詣の出発前、あるいは道すがらに、こうした富士参りの歌声が響いていたに違いない。

（荻野裕子）

伝説地情報

みどころ

山添村西部に位置する神野山はつつじの名所。付近には、森林科学館や羊を放牧しためえめえ牧場がある。月ヶ瀬は奈良を代表する梅林であり、二〜三月には梅まつりが開催される。「梅の郷月ヶ瀬温泉」には、露天風呂や広い休憩室がある。

神野山へのアクセス

所在地　山添村西部

交通手段　山添村の神野山へは、名阪国道神野口ICから三・六キロメートル。近鉄JR奈良駅から山添方面行きバス、北野バス停下車。月ヶ瀬梅林へは、同じく五月橋IC・治田ICから約七キロメートル。近鉄JR奈良駅から奈良交通定期バスで約1時間10分。JR月ヶ瀬口駅から三重交通バスで約20分。

参考文献一覧

■著書、研究論文など■

『雨乞習俗の研究』高谷重夫、法政大学出版局、昭和五十七（一九八二）
『伊雑宮の御田植祭―古典と民俗学叢書Ⅳ―』古典と民俗学の会編、白帝社、昭和五十五年（一九八〇）
『岩波　仏教辞典　第二版』岩波書店、平成十四年（二〇〇二）
『『宇治拾遺物語』の中の昔話』廣田收、新典社新書、平成二十一年（二〇〇九）
「大御堂と十三鐘」永島福太郎、『興福』8・興福寺機関紙、昭和四十七年（一九七二）
「大御堂にまつわる伝説」山田熊夫、『興福』8・興福寺機関紙、昭和四十七年（一九七二）
『おん祭と春日信仰の美術』奈良国立博物館、平成十八年（二〇〇六）
『近江湖北の山岳信仰』市立長浜城歴史博物館編、平成十七（二〇〇五）
「春日浄土曼荼羅について」三本義雄、井川博士喜寿記念会編『日本文化と浄土教論攷』、井川博士喜寿記念出版部、昭和四十九年（一九七四）
『春日明神』上田正昭編、筑摩書店、昭和六十二年（一九八七）
『春日文化』一～五、春日大社、平成五年～平成九年（一九九三～一九九七）
『春日大社のご由緒』春日大社、平成七年（一九九五）
『『春日験記絵』と中世―絵巻を読む歩く―』五味文彦、淡交社、平成十年（一九九八）
『春日大社年表』春日大社、平成十五年（二〇〇三）
『春日権現験記絵注釈』神戸説話研究会編、和泉書院、平成十七年（二〇〇五）
「消えた信仰」（『春日』第四七号）岡本彰夫、春日大社社務所、平成三年（一九九一）
『記紀の文字表現と漢訳仏典』瀬間正之著、おうふう、平成六年（一九九四）
「毀棄される祇園祭のハナガサとハナ―奪い取られるハナの行事―」長谷川嘉和、『民具研究』一二四号、日本民具学　会、平成十三年（二〇〇一）
『喜光寺―行基終焉の古刹―』山田法胤、柳原出版、平成十九年（二〇〇七）
『行基』井上薫、吉川弘文館、昭和三十四年（一九五九）

『行基事典』井上薫編、国書刊行会、平成九年（一九九七）
『行基菩薩　千二百五十年御遠忌記念誌』井上薫編、行基菩薩ゆかりの寺院、平成十六年（一九九八）
「近世大和における富士信仰と富士講―南都の事例を中心に―」『元興寺文化財研究所創立40周年記念論文集』山形隆　司、平成十九（二〇〇七）
「乞丐景清―幸若舞曲と題目立」徳江元正『文学』四十六巻四号、岩波書店、昭和五十三年（一九七八）
「弘法大師空海と東大寺」堀池春峰（『仏教芸術』92）昭和四十八年（一九七三）
『弘法大師伝説集』国書刊行会、昭和四十九年（一九七四）
『神野の民話』井久保博利編著、神野山天狗研究会、昭和六十三年（一九八八）
『黄龍遺韻』伊藤東慎、建仁寺山内両足院、昭和三十二年（一九五七）
『西大寺叡尊傳記集成』奈良国立文化財研究所監修、法蔵館、昭和五十二年（一九七七）
「狭岡神社由緒記」平成十三年（二〇〇一）
『塩瀬六百五十年のあゆみ―まんじゅうの歴史』川島英子、塩瀬総本家、平成八年（一九九六）
『持戒の聖者叡尊・忍性』松尾剛次編、吉川弘文館、平成十六年（二〇〇四）
「地蔵信仰と春日神社」（『三田文学』第一七巻第一一号）松下隆章、三田文学会、昭和十七年（一九四二）
『史跡頭塔発掘調査報告書』奈良国立文化財研究所、平成十三年（二〇〇一）
『司馬遼太郎短篇全集』第一巻　司馬遼太郎、文藝春秋、平成十七年（二〇〇五）
『修験道思想の研究』宮家準、春秋社、昭和六十年（一九八五）
『週刊朝日百科　仏教を歩く』十七号「行基と「東大寺」」朝日新聞社、平成十六年（二〇〇四）
『聖宝』佐伯有清、吉川弘文館、平成三年（一九九一）
『聖宝理源大師』大隈和雄、醍醐寺寺務所、昭和五十一年（一九七六）
『聖徳太子伝の研究　飯田瑞穂著作集1』飯田瑞穂、吉川弘文館、平成十二年（二〇〇〇）
『諸国奇風俗を尋ねて』松川三郎、忠文館、昭和五年（一九三〇）
『支那佛教の研究』第一　定盤大定、名著普及会、昭和十三年（一九三八）
「世間虚仮　唯仏是真」日野西光尊『大法輪』八月号　小山弘利、大法輪閣、平成二十年（二〇〇八）
「諸国図会　年中行事大成」『日本庶民生活史料集成　第二十二巻　祭礼』三一書房、昭和五十四（一九七九）

『図衆天狗列伝〈西日本編〉』知切光歳、三樹書房、昭和五二年（一九七七）
「天の神と雨の神の伝承」（『沖縄民間説話の研究』）丸山顕徳、勉誠社、平成五年（一九九三）
『村山浅間神社調査報告書』富士宮市教育委員会編、平成十七年（二〇〇五）
「大佛殿再興発願以来諸興隆略記」『日本寺院史の研究　中世・近世編』平岡定海、吉川弘文館、昭和六十三年（一九八八）
『中将姫説話の調査研究報告書』（財）元興寺文化財研究所、昭和五十八年（一九八三）
『中将姫涙和讃』誕生寺
『中世民衆の生活文化』横井清、東京大学出版会、昭和四十八年（一九七三）
『中世文藝の源流』永島福太郎、河原書店、昭和二十三年（一九四八）
『重源　叡尊　忍性』中尾堯・今井雅晴編、日本名僧全集第五巻所収、吉川弘文館、昭和五十八年（一九八三）
『月ヶ瀬村史』月ヶ瀬村史編集室編、平成二年（一九九〇）
『帝王聖武』瀧浪貞子、講談社選書メチエ、平成十二年（二〇〇〇）
「天狗さんの石合戦—奈良市近傍の「山の争い伝説」」斎藤純、『奈良市民間説話調査報告書』竹原威滋、丸山顕徳、進藤秀樹編、奈良教育大学、平成十六年（二〇〇四）
『都道府県　祭礼事典　奈良県』桜楓社、平成三年（一九九一）
『富雄町史』富雄町史編纂委員会編、富雄町教育委員会、昭和二十九年（一九五四）
『富雄村史蹟勝地研究』岡本勝平、富雄村役場内郷土研究会、昭和十四年（一九三九）
『奈良県史　巻十三巻　民俗（下）続・大和の伝承文化』奈良県史編集委員会、名著出版、昭和六十三年（一九八八）
『奈良市史』通史二・三、昭和六十三年（一九八八）・平成六年（一九九四）
『奈良市史通史二』奈良市史編集審議会編集、奈良市、平成六年（一九九四）
『奈良市史　社寺編』奈良市史編集審議会編、奈良市、昭和六十年（一九八五）
『奈良市史　通史一』奈良市史編集審議会編、奈良市、平成二年（一九九〇）
『奈良市史　民俗編』奈良市史編集審議会編、奈良市、昭和四十三年（一九六八）
『奈良市民俗芸能調査報告書—六斎念仏・風流・語りもの—』奈良市教育委員会、平成二年（一九九〇）
『奈良県史　第十三巻　民俗（下）—続・大和の伝承文化—』奈良県史編集委員会、名著出版、昭和六十三年（一九八八）
「奈良県における富士信仰碑」『あしなか』二〇三輯、仲芳人、山村民俗の会、昭和六十二年、（一九八七）

「奈良県における富士信仰碑Ⅱ」『あしなか』二三二輯、仲芳人、山村民俗の会、平成五年、（一九九三）
「奈良の鹿（上、下）」幡鎌一弘（『興福寺仏教文化講座要旨』２９９，３００、興福寺教学部、平成二十一年（二〇〇九）
『奈良の年中行事』奈良市経済部観光課編、奈良市経済部観光課、平成十二年（二〇〇〇）
『奈良の昔話　奈良町編』増尾正子、まほろば出版局、平成十五年（二〇〇三）
『日本の古寺美術⑮斑鳩の寺』大橋一章、保育社、平成元年（一九八九）
『日本の伝説』一三、岩井宏實・花岡大学、角川書店、昭和五十一年（一九七六）
『日本歴史地名大系　奈良県の地名』平凡社、昭和五十六年（一九八一）
「日本輿地通志」『地名研究資料集』池田末則、鏡味明克、江端真樹子編、クレス出版、平成十五年（二〇〇三）
『年代記・明和の春―明和～享和大坂世相見聞集―』大阪市史史料第三十一輯、大阪市史編纂所、平成三年（一九九一）
『府中市史　下巻』府中市史編さん委員会編、東京都府中市、昭和四十九年（一九七四）
『𠆢一山年分度者奏状』「春奏のこと―室生寺史に関する一視点―」『岩手大学教育学部研究年報第39巻』田中惠、昭和五十四年（一九七九）
『仏教を歩くNO.17　行基と東大寺』朝日新聞社、平成十六年（二〇〇四）
『ふるさと民話集（神野の民話）』今本泰啓、ふるさと民話保存会、平成十九年（二〇〇七）
『平家物語研究事典』市古貞次編、明治書院、昭和五十三年（一九七八）
『平城村史』平城村史編集委員会編、平城村史編集委員会、昭和四十六年（一九七一）
「舞の本「景清」考」麻原美子（『幸若舞曲研究』第九巻、三弥井書店、平成八年（一九九六））
『まんじゅう屋繁盛記　塩瀬の六五〇年』川島英子、岩波書店、平成十八年（二〇〇六）
『民衆の指導者　行基』速水侑編、吉川弘文館、平成十六年（二〇〇四）
『薬師信仰―護国の仏から温泉の仏へ―』西尾正仁、岩田書院、平成十二年（二〇〇〇）
『やまぞえ双書1　年中行事』山添村年中行事編集委員会・山添村教育委員会編、山添村平成五年（一九九三）
『やまぞえ双書2　村の語りべ』やまぞえ双書編集委員会、山添村教育委員会、平成八年（一九九六）
『山添村史』山添村史編纂委員会、山添村教育委員会、平成五年（一九九三）
『大和人物志』奈良県庁、明治四十二年（一九〇九）
『大和の年中行事』平山敏治郎・平岡定海、角川書店、昭和三十八年（一九六三）

『大和の伝説（補訂版）』奈良県童話連盟修・高田十郎編、大和史蹟研究会、昭和三十五年（一九六〇）
『吉野町史上巻』吉野町史編集委員会編集、吉野町役場発行、昭和四十七年（一九七二）
「龍」（紅野敏郎・石割透・海老井英次編『芥川龍之介全集　第四巻』芥川龍之介、岩波書店、平成八年（一九九六）

あとがき

記録を辿ると、この企画を始めたのが二〇〇三年である。それ以来、七年の歳月が過ぎた。学会で三弥井書店の吉田智恵さんにお目にかかる度に、進捗状況を聞かれて励まされてきたことも、今となっては感謝の気持ちで一杯である。

本書の制作の動機は、奈良には、まだ伝承説話の入門書のような簡便なものが無いから、是非作りたいと考え続けたことがきっかけである。二〇〇五年の暮、新見短大の原田信之さんと花園大学の師茂樹さん、同志社大学の廣田收さんと私の四人で、「南都文化研究組織」を発足させる準備を進めた。それから、年二回、春と夏のシンポジウムで急激に計画が進み、奈良佐保短期大学、元興寺文化財研究所、奈良教育大学を会場に、そこで討論を行った。多忙な方に勢揃い戴けるのは年二回しかなかったから、一日の発表者は十数名であった。この執筆者の多くが、この組織のメンバーである。そして、やっと原稿が集まったのが、二〇〇七年の晩春、入稿できたのが翌年の盛夏である。その後も、原稿の書き直し、増補、再々調査、写真の撮影など、かなり執筆者には、様々な注文をつけさせて戴いた。仕事の合い間を縫い、行事にあわせて大和盆地や周辺の山々を走り回って戴いたことに心から感謝申し上げたい。お世話になった各位、神社仏閣、関係機関には心から御礼申し上げたい。地図の作成は丸山久容氏、写真の貼り付けには下川新氏の援助を戴いた。

この企画が契機となって、奈良の伝承文化のみならず、その成果が、将来の『大和叢書』にむけた研究の出発点であることを祈りたい。

（丸山顕徳）

編者・執筆者一覧

丸山顕徳（まるやま　あきのり）
1946年生まれ。花園大学教授
『日本霊異記説話の研究』（桜楓社）、『沖縄民間説話の研究』（勉誠出版）、『古代文学と琉球説話』（三弥井書店）他

青江智洋（あおえ　ともひろ）
1980年生まれ。花園大学歴史博物館研究員。
『川上村民俗調査報告書』上巻（森と水の源流館、2008.）、『宇治人形─知られざる茶の木人形の世界─』（花園大学歴史博物館、2008）

秋山妙蓮（あきやま　みょうれん）
1975年生まれ。宗教法人中宮寺

氏家千恵（うじいえ　ちえ）
1961年生まれ。比較民話研究会。
『説話の国際比較』（共著　おうふう）、『日本文学の原風景』（共著　三弥井書店）

荻野裕子（おぎの　ゆうこ）
1968年生まれ。奈良教育大学非常勤講師。
「西伊豆、もう一つの富士の姉山」（『中日本民俗論』岩田書院　2006）

軽澤照文（かるさわ　てるふみ）
1961年生まれ。奈良市立伏見小学校教諭。
『昔話が育てる子どもの心』（文芸社）、「不動信仰と童子神」（『アジア遊学』勉誠出版）。

菊池政和（きくち　まさかず）
1960年生まれ。花園大学非常勤講師。
『近世略縁起論考』（共編著　和泉書院　2007）

久留島元（くるしま　はじめ）
1985年生まれ。同志社大学大学院生。
「『今昔物語集』における「鬼」と「天狗」」（『同志社国文学』70号　2009. 3）

佐々木聖佳（ささき　みか）
1962年生まれ。甲南大学非常勤講師。
「『ひんだ踊り歌』考」（『日本歌謡研究』48号　2008. 12）、「室町期風流踊り歌の構成」（『日本歌謡研究』45号　2005. 12）

下川新（しもかわ　しん）
1974年生まれ。
「『古事記』『日本書紀』におけるユリカツラの意味」（花園大学国文学論究第32号）、「伝承世界のカツラ」（説話伝承学　第14号）

角南聡一郎（すなみ　そういちろう）
1969年生まれ。（財）元興寺文化研究所主任研究員。
「竹の基層文化と竹製縁起物─台湾の縁起物と日本・中国との関係を巡って─」『東アジア世界における自然の模倣（「造物─つくりもの─」）に関する研究報告書』（（財）元興寺文化財研究所　2006）他。

関根綾子（せきね　あやこ）
1971年生まれ。日出学園中学・高等学校講師。
「鯖大師伝説の変容」（『口承文芸研究　31号』）、「東大寺華厳会由来譚の鯖売り翁とサバ」（『伝承文化研究』8号）

椿井里子（つばい　さとこ）
1961年生まれ。花園大学非常勤講師。
「坪内逍遙と史劇」（上田博・瀧本和成編『明治文芸館Ⅱ』嵯峨野書院　2002.10）

西川学（にしかわ　まなぶ）
1976年生まれ。大阪府立布施高等学校教諭。
『風流踊の展開』（関西外国語大学　2008）、「はやすということ」（『歌謡の時空』和泉書院、2004）

橋本章彦（はしもと　あきひこ）
1955年生まれ。京都精華大学非常勤講師。
『毘沙門天－日本的展開の諸相』（岩田書院　2008）、「新しい縁起研究に向けて」『寺社縁起の文化学』（森和社、2005）

原田信之（はらだ　のぶゆき）
1959年生まれ。新見公立短期大学教授。
「岡山県新見市の後醍醐天皇伝説と地名」（新見公立短期大学紀要22　2001.12）、『今昔物語集南都成立と唯識学』（勉誠出版　2005）

廣田收（ひろた　おさむ）
1949年生まれ。同志社大学教授。
「『宇治拾遺物語』表現の研究」（笠間書院　2003）、「『源氏物語』系譜と構造」（笠間書院　2007）

藤原享和（ふじわら　たかかず）
1959年生まれ。同志社高等学校教諭。
『古代宮廷儀礼と歌謡』（おうふう　2007）、「仁徳天皇と吉備の黒日売の歌」（『古事記の新研究』学生社　2006）。

師茂樹（もろ　しげき）
1972年生まれ。花園大学文学部准教授。
「五姓各別説と観音の夢ー『日本霊異記』下巻第三十八縁の読解の試み」（『佛教史學研究』第50巻第2号　2008）、『情報歴史学入門』（後藤真・田中正流　金壽堂出版　2009）

宮川久美（みやがわ　ひさみ）
1954年生まれ、奈良佐保短期大学教授。
「正倉院文書に現れる「有限」と「在限」」（奈良女子大学21ＣＯＥプロラム報告書VOL15『古代文化とその諸相』2007.8）、「正倉院1731番「布麻越者」について」（奈良佐保短期大学紀要第16号　2009.3）

奈良伝説探訪

平成22年4月16日　初版発行

定価はカバーに表示してあります。

ⓒ編　者　　丸山顕徳

発行者　　吉田栄治

発行所　　株式会社 三弥井書店

〒108－0073東京都港区三田3－2－39
電話03－3452－8069
振替00190－8－21125

ISBN978-4-8382-3190-4 C0026　　整版・印刷　プリンティア第二・エービスシステムズ